LA CULTURE DU VIDE

INTRODUCTION

La superficialité comme norme moderne : Une plongée dans l'essor de contenus creux

Nous vivons une époque où l'accessibilité à l'information et au divertissement n'a jamais été aussi large. À chaque instant, des milliards de contenus sont diffusés à travers les écrans, des articles, des vidéos, des images, ou encore des "stories" et des "posts" courts qui défilent à une vitesse vertigineuse. Pourtant, dans cet océan d'information, quelque chose saute aux yeux : la majorité des contenus qui capturent notre attention sont ceux qui n'ont que très peu de valeur intrinsèque. L'immédiateté et l'efficacité ont pris le pas sur la profondeur et la réflexion, imposant une nouvelle norme : celle de la superficialité.

La naissance d'une nouvelle norme culturelle

Pendant longtemps, la culture et les médias traditionnels étaient des outils de transmission du savoir, de divertissement intelligent, et de réflexion. Les émissions télévisées avaient pour but d'informer, d'éduquer ou de divertir avec un certain équilibre. Les livres étaient les gardiens d'idées et d'histoires qui faisaient progresser les pensées. Même dans les divertissements populaires, on cherchait une certaine créativité, une qualité artistique ou narrative.

Cependant, avec la transformation numérique et l'avènement des nouvelles technologies, la culture a commencé à se transformer. Internet a permis de démocratiser la création et la diffusion de contenus, ce qui en soi est une révolution positive. Mais ce tournant s'est accompagné d'un paradoxe : plus les contenus se sont multipliés, plus leur profondeur s'est étiolée. Aujourd'hui, les contenus « creux », simplistes et sensationnalistes dominent la scène.

La télévision a été un précurseur dans ce glissement. Avec l'arrivée des émissions de téléréalité dans les années 2000, on a assisté à la valorisation de la banalité, voire de la médiocrité. La vie quotidienne de parfaits inconnus, parfois agrémentée de scénarios absurdes ou de conflits montés de toutes pièces, a attiré des millions de spectateurs. Pourquoi ? Parce que ces contenus sont faciles à consommer. Ils ne demandent aucun effort intellectuel, ils divertissent dans l'instant, et ils sont conçus pour flatter nos instincts les plus primaires : la curiosité, la moquerie, le voyeurisme. Ces émissions ont pavé la voie à une forme de divertissement basé non pas sur la qualité, mais sur l'audience à tout prix.

L'algorithme au service du vide

Avec l'avènement des réseaux sociaux, ce modèle s'est radicalisé. Les plateformes comme Facebook, Instagram, TikTok ou YouTube ont introduit une dynamique nouvelle : celle de l'attention fragmentée. Leur succès repose sur des algorithmes qui maximisent le temps passé sur les écrans, en proposant des contenus courts, légers et souvent dénués de substance. Pourquoi ? Parce que l'attention est devenue une ressource économique. Chaque seconde passée à scroller, chaque "like" ou partage génère des revenus pour ces plateformes.

Ainsi, les contenus les plus visibles ne sont pas nécessairement les plus utiles ou les plus enrichissants. Au contraire, ce sont ceux qui sont les plus engageants, et souvent, le vide est engageant. Des vidéos absurdes d'animaux, des défis stupides ou des chorégraphies répétitives attirent des millions de vues parce qu'ils déclenchent des réactions instantanées. L'algorithme, dans sa logique froide, favorise le superficiel parce qu'il est ce qui fonctionne le mieux.

De plus, cette culture du vide valorise l'éphémère. Les « stories » qui disparaissent en 24 heures, les « scrolls » infinis et les vidéos de quelques secondes nous incitent à consommer de manière compulsive. Il n'y a plus de place pour la réflexion ni pour l'approfondissement d'une idée. On passe d'un contenu à l'autre sans vraiment s'y attarder, comme si l'objectif n'était plus d'apprendre ou de réfléchir, mais seulement d'occuper le temps.

Pourquoi sommes-nous attirés par le superficiel ?

La question se pose : pourquoi cette superficialité fonctionne-t-elle si bien ? Pourquoi est-elle devenue la norme ? Une partie de la réponse réside dans la nature humaine. Les contenus simples, drôles ou sensationnels nous procurent un plaisir immédiat. En quelques secondes, ils libèrent de la dopamine, cette hormone qui nous donne la sensation de satisfaction et qui joue un rôle clé dans le système de récompense de notre cerveau.

Contrairement à une lecture approfondie ou à un documentaire exigeant, ces contenus ne demandent aucun effort intellectuel. Ils ne nous confrontent pas à des idées complexes, ni à des vérités dérangeantes. Ils nous offrent une échappatoire face aux pressions de la vie quotidienne. Il est plus facile de regarder une vidéo virale absurde que d'analyser un texte qui demande réflexion. Les écrans sont ainsi devenus un refuge confortable où l'on peut s'évader sans effort.

Cependant, cette gratification instantanée a un coût : celui de notre attention et de notre capacité à penser de manière critique. À force d'être exposés à des contenus vides, notre cerveau s'habitue à la simplicité. Nous perdons peu à peu l'habitude de lire des analyses complexes ou d'écouter des débats nuancés. Le format court et simpliste devient notre norme, tandis que la patience et l'effort intellectuel s'effacent.

La banalisation du futile

En érigeant le futile comme modèle dominant, la culture du vide s'impose progressivement dans toutes les sphères de la société. Les influenceurs, devenus des icônes modernes, ne sont plus admirés pour leurs talents, leurs savoirs ou leurs idées, mais pour leur capacité à capturer l'attention. Le nombre de vues, de likes ou de followers est devenu un critère de valeur, reléguant au second plan la qualité du contenu.

Ce phénomène a également des conséquences sur la manière dont nous percevons la réussite et le bonheur. À force de consommer des images idéalisées, filtrées et scénarisées, nous développons des attentes irréalistes et un sentiment de vide dans nos propres vies. La superficialité s'infiltre même dans nos relations sociales, où le besoin de paraître remplace parfois le besoin d'être.

Une société en quête de sens

La superficialité est devenue la norme moderne parce qu'elle est rentable, facile à produire et séduisante pour notre cerveau. Mais à mesure que cette culture s'enracine, elle laisse derrière elle un vide existentiel. De plus en plus de personnes ressentent une fatigue numérique, une lassitude face à la banalité omniprésente, et un désir de revenir à des contenus plus enrichissants. Ce livre est une invitation à sortir de cette spirale pour retrouver du sens, de la profondeur et une connexion authentique avec ce qui compte vraiment.

Pourquoi ce livre ? : Comprendre et dénoncer une dérive sociétale

Dans un monde saturé de distractions, où le futile semble triompher du sens, il devient essentiel de prendre du recul pour analyser ce phénomène. Ce livre ne se veut ni un pamphlet moralisateur, ni une diatribe nostalgique contre la modernité, mais plutôt un outil pour comprendre les mécanismes de ce que l'on nomme **la culture du vide** et pour questionner l'impact qu'elle a sur nos vies. Pourquoi parler de cette dérive ? Parce qu'elle affecte notre manière de penser, nos relations, notre rapport au monde, et même notre santé mentale. Ce livre propose une réflexion approfondie sur une tendance devenue trop dominante : l'omniprésence de contenus superficiels dans nos écrans, qu'il s'agisse de la télévision ou des réseaux sociaux.

Une dérive qui façonne notre société

Aujourd'hui, la superficialité n'est plus une simple conséquence de l'évolution des médias ; elle est devenue un mode de fonctionnement. Cette dérive sociétale repose sur un constat clair : **nous consommons des contenus non pour ce qu'ils nous apportent, mais pour leur capacité à nous distraire instantanément**. La technologie et les plateformes de diffusion ont redéfini notre rapport à l'information et au divertissement. L'objectif n'est plus d'éduquer, d'enrichir ou de pousser à la réflexion, mais d'occuper notre attention.

Cette situation n'est pas anodine. Elle résulte de forces économiques, sociales et psychologiques qui s'entremêlent. Les algorithmes des réseaux sociaux, par exemple, n'existent pas par hasard. Ils sont conçus pour capter notre temps d'écran, car c'est ainsi que les géants du numérique génèrent leurs profits. Les contenus les plus visibles sont ceux qui déclenchent une réaction immédiate, souvent émotionnelle : une vidéo choquante, une danse virale, un "buzz" qui provoque rires ou indignation. Dans cette course à l'attention, la profondeur et la nuance sont sacrifiées.

Mais que se passe-t-il lorsque toute une société privilégie le superficiel ? Nous assistons à un appauvrissement collectif de notre culture et de nos capacités intellectuelles. Les discussions se limitent à des phrases courtes, les analyses sont réduites à des titres accrocheurs, et la pensée critique s'étiole. Cette dérive ne touche pas uniquement la culture populaire ; elle contamine également des sphères essentielles comme l'éducation, la politique, et même la science. **Quand la visibilité l'emporte sur la vérité, la superficialité devient dangereuse.**

Un impact sur nos vies personnelles et collectives

L'influence de la culture du vide dépasse largement les écrans. Elle transforme notre manière de vivre, de penser et d'interagir. Prenons l'exemple des réseaux sociaux : ce qui était autrefois une promesse de connexion authentique entre les individus s'est transformé en un théâtre du paraître. La valeur d'une personne semble désormais mesurée par le nombre de likes ou de followers qu'elle accumule. Cette obsession du chiffre pousse à produire des contenus de plus en plus légers, instantanés et souvent dénués de sens.

Les jeunes générations, en particulier, grandissent dans cet univers où l'apparence prévaut sur la substance. L'adolescence, déjà marquée par des questionnements identitaires, se trouve amplifiée par la pression des réseaux. Le besoin de plaire, de se conformer à des tendances souvent futiles, pousse certains à s'enfermer dans une quête permanente de validation extérieure. Cela entraîne des conséquences bien réelles : **baisse de l'estime de soi, anxiété, dépression, isolement.**

D'un point de vue collectif, cette superficialité nuit au débat public et à la cohésion sociale. Les sujets importants, complexes et nécessitant une réflexion approfondie sont éclipsés par des polémiques artificielles ou des informations sensationnalistes. Dans un monde où les vérités se construisent en fonction de ce qui génère le plus de clics, il devient de plus en plus difficile de distinguer l'essentiel du superflu.

Une alerte face à l'appauvrissement culturel

L'une des raisons principales pour lesquelles ce livre existe est de tirer la sonnette d'alarme. **La culture du vide n'est pas un phénomène anodin ni sans conséquence**. Elle appauvrit la culture au sens large, en reléguant au second plan des œuvres, des idées et des productions qui demandent du temps, de l'effort et une attention soutenue. Prenons l'exemple de la littérature : tandis que les classiques demeurent des piliers de réflexion et de transmission, ils sont souvent perçus comme « ennuyeux » face aux formats courts et instantanés qui inondent nos écrans. De même, dans la musique, les morceaux profonds et complexes cèdent la place à des hits éphémères, pensés uniquement pour plaire aux algorithmes de streaming.

Les conséquences sont claires : **nous vivons dans un monde où la consommation rapide remplace la réflexion**, où la quantité l'emporte sur la qualité. Cela ne signifie pas que la légèreté n'a pas sa place. Le divertissement est essentiel, mais il ne peut devenir l'unique norme culturelle. En d'autres termes, ce livre cherche à rappeler qu'une société a besoin de profondeur pour évoluer, pour progresser et pour ne pas sombrer dans une forme de passivité intellectuelle.

Un appel à la résistance

Ce livre est une invitation à reprendre le contrôle. Il propose de questionner nos habitudes de consommation, de réfléchir aux contenus que nous choisissons de voir, de lire et de partager. Chaque clic, chaque "like" est une forme de vote qui renforce la culture dominante. En prenant conscience de cela, nous pouvons agir pour valoriser des contenus plus riches, plus utiles et plus inspirants.

Derrière ce phénomène, il y a une question fondamentale : **quel sens voulons-nous donner à notre culture et à notre vie ?** Voulons-nous d'une société où l'on se contente du vide, ou aspirons-nous à quelque chose de plus grand, de plus noble ? Ce livre ne prétend pas détenir toutes les réponses, mais il offre des clés pour comprendre, des pistes pour agir et des raisons d'espérer. Car si la culture du vide s'est imposée, c'est aussi parce que nous l'avons acceptée. La résistance commence par un choix individuel : celui de privilégier la profondeur à la superficialité, le sens au futile.

En écrivant ce livre, l'objectif est simple : **dénoncer cette dérive** pour mieux la combattre. Il est temps de redonner du sens à ce que nous consommons, à ce que nous créons, et à la manière dont nous influençons les générations futures. La culture est le reflet d'une société ; si nous voulons un monde plus intelligent, plus authentique et plus humain, cela commence par une prise de conscience collective.

Partie I : Origines de la Culture du Vide

CHAPITRE 1 : UNE TÉLÉVISION EN DÉCLIN

L'évolution des médias traditionnels : de l'éducation à la distraction

L'histoire des médias traditionnels est celle d'une lente transformation, voire d'une métamorphose, marquée par un glissement progressif des objectifs initiaux – informer, éduquer et élever les esprits – vers une quête de distraction et de rentabilité à tout prix. Si autrefois les médias jouaient un rôle central dans la transmission du savoir, de la culture et des valeurs communes, ils se sont peu à peu éloignés de cette mission fondamentale pour devenir des machines à capter l'attention par le divertissement instantané.

Les débuts : des médias comme outils d'éducation et d'information

Les premiers médias traditionnels, qu'il s'agisse de la presse écrite, de la radio ou des premières chaînes de télévision, avaient pour but principal d'informer et d'éduquer. La presse écrite, notamment au XIXe et début du XXe siècle, incarnait un outil de diffusion du savoir. Les journaux et les magazines offraient des analyses détaillées sur les événements politiques, économiques et sociaux, souvent rédigées par des journalistes de métier ou des intellectuels engagés. Le lecteur recherchait dans ces publications des éclairages sur le monde, des réflexions critiques et des récits permettant de comprendre les réalités complexes de son époque.

L'arrivée de la radio, dans les années 1920, a ajouté une nouvelle dimension à cette mission éducative et informative. Pour la première fois, l'information devenait accessible au plus grand nombre, instantanément et sans intermédiaire écrit. La radio permettait également de diffuser des émissions culturelles, des pièces de théâtre radiophoniques et des programmes éducatifs. En période de guerre ou de crises majeures, elle jouait un rôle central dans l'information des populations, devenant un pilier de la vie sociale.

La télévision, dès son avènement dans les années 1950, a poussé cette mission encore plus loin. Dans ses premières décennies, elle fut un outil d'une puissance inégalée pour transmettre le savoir et la culture. Les programmes télévisés proposaient des émissions éducatives, des documentaires historiques, des débats politiques sérieux, et des journaux télévisés approfondis. La télévision apportait le monde chez soi : les téléspectateurs pouvaient découvrir des paysages lointains grâce aux reportages, s'instruire sur des sujets scientifiques complexes, ou encore suivre des événements culturels majeurs, comme les concerts, les pièces de théâtre ou les émissions littéraires.

L'arrivée de la concurrence : la course à l'audience

Cependant, à partir des années 1980, un tournant s'opère avec l'apparition de la concurrence dans le paysage audiovisuel. L'ouverture des marchés et la multiplication des chaînes de télévision ont bouleversé les règles du jeu. Là où, auparavant, quelques chaînes publiques détenaient le monopole de l'information et du divertissement, de nouvelles chaînes privées se sont imposées, avec un modèle économique centré sur la publicité et la rentabilité.

Le succès des chaînes privées a marqué un basculement : l'audience devient la priorité absolue. Les programmes ne sont plus conçus dans une logique d'éducation ou d'élévation culturelle, mais dans le but de retenir le spectateur le plus longtemps possible. C'est ainsi que la télévision commence à glisser vers une offre plus légère, plus accessible et moins exigeante intellectuellement. Les émissions de variétés, les talk-shows centrés sur les potins, et les jeux télévisés s'imposent progressivement dans les grilles de programmes, reléguant les émissions culturelles et éducatives à des créneaux horaires marginaux.

La téléréalité, apparue dans les années 2000, représente l'apogée de ce glissement. Conçue pour capter l'attention par le voyeurisme et les émotions immédiates, elle transforme la banalité du quotidien en spectacle. Des individus ordinaires, souvent choisis pour leurs personnalités clivantes ou leurs comportements exubérants, deviennent des vedettes éphémères. Cette logique commerciale répond à une équation simple : plus le programme est sensationnaliste et facile à consommer, plus il attire de spectateurs, et donc de revenus publicitaires.

La dévalorisation du contenu intellectuel

Au fil des décennies, ce glissement de l'éducation vers la distraction a conduit à une dévalorisation progressive des contenus intellectuels et culturels dans les médias traditionnels. Les débats politiques sérieux, qui autrefois avaient pour but d'informer et de confronter les idées, se sont transformés en spectacles où les invités s'affrontent dans des échanges bruyants et superficiels. Les journaux télévisés, autrefois centrés sur des analyses détaillées, privilégient désormais des séquences courtes, des sujets sensationnels et des faits divers pour attirer un public plus large.

Les émissions culturelles ont elles aussi souffert de cette évolution. Dans de nombreux pays, les émissions littéraires, les documentaires historiques ou les débats philosophiques ont disparu des grandes chaînes généralistes, relégués sur des chaînes spécialisées ou sur des plateformes de niche. Résultat : une grande partie de la population n'a plus accès à ces contenus, faute de curiosité ou de visibilité suffisante.

Un miroir des attentes de la société moderne

Ce changement dans les médias traditionnels ne s'est pas produit de manière isolée. Il reflète une évolution plus large de la société moderne, marquée par un besoin croissant de distraction et de consommation rapide. Dans un monde où le rythme de vie s'accélère, où le stress est omniprésent et où l'individu cherche des échappatoires simples, les contenus exigeants ont perdu de leur attrait. Les médias traditionnels, pour survivre dans ce nouvel écosystème, se sont adaptés en offrant des contenus légers, simplifiés et émotionnels.

Ce glissement pose toutefois des questions fondamentales. Quelle est la mission des médias dans une démocratie ? Ont-ils pour simple fonction de divertir, ou portent-ils une responsabilité culturelle et éducative ? En abandonnant leur rôle d'éclaireurs et de transmetteurs de savoir, les médias traditionnels ont participé à l'émergence d'une culture où la superficialité est la norme.

L'impact sur les nouvelles générations

Les générations qui grandissent dans ce nouvel environnement médiatique sont les plus touchées par cette évolution. Lorsque l'offre culturelle et éducative devient rare, lorsque les repères intellectuels se dissolvent dans un flot d'images et de divertissements, il devient difficile de développer un esprit critique. Les jeunes, exposés dès leur plus jeune âge à des programmes faciles et sensationnalistes, sont moins enclins à chercher des contenus exigeants, préférant souvent la gratification instantanée que procure le divertissement.

Conclusion : un modèle à réinventer

L'évolution des médias traditionnels, bien qu'inévitable dans un contexte de concurrence et de transformation technologique, pose des défis majeurs. Il ne s'agit pas de rejeter en bloc le divertissement, qui a toujours eu sa place dans nos sociétés, mais de trouver un équilibre. Les médias ont le pouvoir d'influencer les valeurs d'une société, de cultiver la curiosité et d'élever les esprits. En privilégiant systématiquement l'audience et la rentabilité, ils sacrifient une mission essentielle : celle de former des citoyens éclairés et critiques.

Ce chapitre invite à la réflexion : **quelle place voulons-nous accorder à l'éducation, à la culture et à l'information de qualité dans nos vies ?** Il est temps de repenser le rôle des médias pour les réconcilier avec leur mission première, dans un monde qui en a plus que jamais besoin.

La naissance de la téléréalité et ses conséquences sur la culture populaire

La téléréalité est l'un des phénomènes les plus marquants de la culture médiatique contemporaine. Apparue à la fin des années 1990 et popularisée au début des années 2000, elle a profondément transformé le paysage télévisuel et, par extension, la culture populaire. Ce genre télévisuel, qui mélange le divertissement, le voyeurisme et la mise en scène du quotidien, a non seulement captivé des millions de spectateurs, mais a aussi modifié nos rapports à la célébrité, à l'image de soi et aux valeurs collectives.

Si la téléréalité a d'abord été présentée comme un moyen de renouveler la télévision en offrant « la vraie vie » aux spectateurs, elle s'est rapidement imposée comme un miroir déformant de notre société, valorisant des comportements souvent superficiels et sensationnels. Ses conséquences sur la culture populaire sont profondes : appauvrissement du contenu, obsession de la célébrité éphémère et modification des aspirations collectives. Pour comprendre cette évolution, il est nécessaire de revenir sur les origines de ce genre, les raisons de son succès et ses effets à long terme.

Aux origines : la naissance d'un genre controversé

L'idée d'observer des individus dans leur quotidien, sous l'œil des caméras, n'est pas nouvelle. Dès les années 1970, des documentaires expérimentaux comme *An American Family* aux États-Unis mettaient en scène la vie privée d'une famille ordinaire. Cependant, c'est à la fin des années 1990 que la téléréalité prend véritablement son essor sous sa forme moderne avec des émissions telles que *Big Brother* (1999 aux Pays-Bas) et *Survivor* (2000 aux États-Unis).

Ces programmes se distinguaient par leur capacité à mêler deux dynamiques puissantes :

- **Le voyeurisme** : les spectateurs étaient invités à pénétrer dans l'intimité d'individus filmés en continu. Ce principe créait une illusion de proximité et de réalité brute, même si tout était orchestré.

- **La compétition et le drame** : contrairement aux simples documentaires, ces émissions ajoutaient des règles, des défis et des éliminations qui alimentaient le suspense et les conflits.

Rapidement, le succès de la téléréalité dépasse toutes les attentes. Les chaînes de télévision, séduites par des coûts de production faibles et des audiences massives, adoptent ce format à une échelle mondiale. Des émissions comme *Loft Story* en France, *The Real World* aux États-Unis ou encore *Koh-Lanta* marquent les débuts d'une nouvelle ère télévisuelle.

Les ingrédients du succès : voyeurisme, émotion et identification

Le succès fulgurant de la téléréalité repose sur des mécanismes psychologiques simples mais efficaces. Les téléspectateurs se passionnent pour ces émissions parce qu'elles jouent sur des ressorts émotionnels universels :

1. **Le voyeurisme** : la téléréalité offre un accès à des situations intimes et parfois embarrassantes que les spectateurs n'observeraient jamais dans la vraie vie. Le fait de regarder des personnes ordinaires dans des contextes extraordinaires satisfait une curiosité naturelle.

2. **L'identification** : contrairement aux acteurs hollywoodiens ou aux stars inaccessibles, les participants aux émissions de téléréalité sont souvent présentés comme des « gens normaux ». Les spectateurs s'identifient facilement à eux et projettent leurs propres rêves, frustrations et désirs dans ces figures.

3. **Les émotions fortes** : la téléréalité est construite pour susciter des émotions intenses : rires, larmes, colère, indignation… Les producteurs orchestrent des conflits, des alliances et des trahisons pour captiver l'audience.

Ces ingrédients font de la téléréalité un produit addictif, conçu pour retenir l'attention à tout prix. À une époque où la concurrence entre chaînes et l'émergence d'Internet fragmentent l'audience, ce format devient un outil de survie pour les médias traditionnels.

La transformation des valeurs culturelles

L'un des effets les plus frappants de la téléréalité sur la culture populaire réside dans son influence sur les valeurs collectives.

Si autrefois la télévision mettait en avant des personnalités exceptionnelles pour leur talent, leur intelligence ou leurs accomplissements, la téléréalité a imposé un nouveau modèle : **la célébrité sans mérite.**

Les participants de téléréalité deviennent célèbres non pas pour leurs compétences ou leur créativité, mais simplement pour avoir participé à une émission. Cette célébrité éphémère, basée sur l'image et les comportements spectaculaires, a créé une véritable fascination chez les spectateurs, en particulier les plus jeunes. Pour beaucoup, la téléréalité est devenue une voie rapide pour accéder à une notoriété instantanée, sans effort ni compétence particulière.

Ainsi, la téléréalité a contribué à :

- **Valoriser le superficiel** : les qualités mises en avant dans ces programmes sont souvent l'apparence physique, les conflits spectaculaires et le goût pour la provocation.

- **Modifier les aspirations des jeunes générations** : de plus en plus d'adolescents rêvent de devenir célèbres en participant à une émission, plutôt que par leurs talents ou leurs efforts.

- **Générer un culte de l'image** : dans la téléréalité, l'image prévaut sur tout. Les candidats sont jugés sur leur apparence, leur attitude et leur capacité à « faire le buzz », ce qui renforce les injonctions sociales autour de la beauté et du paraître.

Les conséquences sur la culture populaire

La banalisation de la téléréalité a eu des effets profonds sur la culture populaire. En premier lieu, elle a contribué à un appauvrissement du contenu télévisuel. Les émissions culturelles et éducatives ont progressivement disparu des grilles de programmes, remplacées par des formats plus rentables mais moins enrichissants.

Par ailleurs, la téléréalité a introduit une nouvelle forme de narration dans les médias : le **storytelling artificiel.** Tout est scénarisé pour maximiser l'impact émotionnel, même si l'on prétend montrer la « vraie vie ». Cela a engendré une culture où le spectaculaire prime sur la réalité, créant une distorsion entre ce que les spectateurs perçoivent et la vérité.

Enfin, la téléréalité a préparé le terrain pour l'avènement des **influenceurs** sur les réseaux sociaux. Les anciens candidats de téléréalité ont trouvé dans Instagram, YouTube ou TikTok un moyen de prolonger leur notoriété en partageant leur quotidien, leurs opinions ou leurs promotions. Ce phénomène a élargi l'impact de la téléréalité bien au-delà de la télévision.

Conclusion : une culture du vide en marche

En bouleversant les codes de la télévision et en imposant la célébrité comme une fin en soi, la téléréalité a contribué à l'émergence d'une culture où la superficialité est devenue la norme. Si elle répond à un besoin humain de divertissement et d'identification, elle a également créé un modèle toxique basé sur le paraître, le voyeurisme et l'émotion instantanée.

Ce chapitre invite à une réflexion plus large : **quelle influence voulons-nous laisser à la téléréalité sur notre culture collective ?** Car si ce genre télévisuel a su captiver les foules, il est temps de questionner son impact réel sur nos valeurs, nos aspirations et notre manière de percevoir le monde.

CHAPITRE 2 : LES RÉSEAUX SOCIAUX, UNE RÉVOLUTION DÉTOURNÉE

Les débuts prometteurs d'un outil de connexion

L'émergence d'Internet et des réseaux sociaux dans les années 1990 et 2000 a marqué un tournant majeur dans l'histoire de la communication humaine. Ce qui, au départ, semblait être un outil technologique novateur destiné à améliorer la connexion entre individus s'est transformé, en quelques décennies, en une force omniprésente dans nos vies. Avec des promesses de partage, de dialogue universel et d'émancipation, ces plateformes digitales ont soulevé des espoirs immenses, notamment pour le rapprochement des cultures, la diffusion du savoir et l'expression individuelle.

Pourtant, ce qui était initialement envisagé comme une opportunité de progrès s'est peu à peu perverti en un espace où règnent la superficialité, le narcissisme et les contenus creux. Mais pour comprendre comment cet outil a dérivé vers ce que l'on nomme aujourd'hui « la culture du vide », il est essentiel de revenir sur ses origines et ses ambitions premières.

Internet : un outil révolutionnaire pour l'humanité

Dans les années 1990, l'arrivée d'Internet a transformé radicalement notre manière de communiquer et d'accéder à l'information. Pour la première fois dans l'histoire, il devenait possible de partager instantanément des textes, des images et des connaissances à travers le monde. Internet promettait de rendre la culture, l'éducation et les savoirs accessibles à tous, peu importe leur position géographique ou leur statut social.

Les pionniers de l'ère numérique, comme Tim Berners-Lee, l'inventeur du World Wide Web, voyaient en cet outil un moyen de connecter l'humanité pour favoriser l'échange et la collaboration. À ses débuts, Internet incarnait un idéal d'ouverture et d'égalité : tout individu pouvait non seulement recevoir des informations mais aussi les produire et les diffuser. Cet aspect démocratique offrait un contraste saisissant avec les médias traditionnels, souvent accusés de filtrer l'information et de contrôler les discours.

Les forums en ligne, les premiers blogs et les sites collaboratifs comme *Wikipedia* ont renforcé cette image d'un outil conçu pour enrichir l'intellect collectif. À travers des projets de partage de connaissances, Internet permettait de transcender les frontières physiques et culturelles, offrant aux utilisateurs un accès direct à une mine de savoirs autrefois inaccessibles. Le monde semblait soudain plus petit, plus ouvert, et l'espoir d'une société interconnectée se dessinait.

L'émergence des réseaux sociaux : l'ère de la connexion humaine

Si Internet a posé les bases d'une révolution numérique, ce sont les réseaux sociaux qui ont véritablement changé la manière dont nous interagissons au quotidien. Leur arrivée au début des années 2000, avec des plateformes comme *Friendster* (2002), *Myspace* (2003), puis *Facebook* (2004), a marqué une nouvelle étape dans l'évolution des échanges humains.

L'idée fondatrice des réseaux sociaux était simple mais ambitieuse : **connecter les individus à travers le monde et briser les barrières de l'isolement**. Là où Internet permettait de partager de l'information, les réseaux sociaux offraient la possibilité de créer des relations humaines, de maintenir des liens avec ses proches, ou encore d'en tisser de nouveaux avec des personnes partageant les mêmes intérêts.

Les débuts de ces plateformes étaient empreints d'optimisme. Elles répondaient à un besoin fondamental : celui de socialisation et de partage. Les utilisateurs pouvaient retrouver d'anciens amis, organiser des événements, partager leurs expériences de vie et s'exprimer librement. Facebook, en particulier, s'est imposé comme un espace d'échange universel où chacun pouvait avoir une voix et participer à la grande conversation mondiale.

Les premiers réseaux sociaux étaient également perçus comme un formidable levier pour le progrès. Des artistes, des entrepreneurs et des penseurs de tous horizons y voyaient un moyen d'accéder à une audience internationale. De petits projets culturels ou commerciaux, autrefois confinés à des cercles restreints, pouvaient soudain trouver un écho planétaire grâce à la viralité des contenus.

Un espace d'expression et de mobilisation

L'un des aspects les plus prometteurs des réseaux sociaux à leurs débuts résidait dans leur capacité à **donner une voix à ceux qui en étaient privés**. En permettant à chacun de publier du contenu sans passer par les filtres des médias traditionnels, les réseaux sociaux se sont rapidement imposés comme des outils de liberté d'expression.

Des mouvements sociaux et politiques majeurs ont émergé grâce à ces plateformes. On pense notamment au **Printemps arabe** en 2010-2011, où des citoyens de pays comme l'Égypte, la Tunisie et la Libye ont utilisé Facebook et Twitter pour organiser des manifestations, partager des informations et contourner la censure des régimes en place. Les réseaux sociaux ont démontré leur capacité à servir de contre-pouvoir, à amplifier des voix marginalisées et à mobiliser les foules pour des causes justes.

De même, dans le domaine culturel, les plateformes numériques ont offert une visibilité inédite aux créateurs indépendants. Les musiciens, écrivains et vidéastes pouvaient contourner les circuits traditionnels pour toucher directement leur public. Une nouvelle génération d'artistes a vu le jour grâce à ces outils, transformant profondément le paysage culturel mondial.

Les promesses d'un monde interconnecté

Les débuts des réseaux sociaux étaient porteurs de valeurs fortes : **inclusion, partage et collaboration**. En connectant les individus à une échelle sans précédent, ces plateformes promettaient un monde plus solidaire et plus informé. Voici quelques-unes des principales promesses :

1. **Un accès universel à l'information** : Chaque individu pouvait s'informer, apprendre et contribuer au savoir collectif.

2. **La démocratisation de la parole** : Les barrières traditionnelles liées aux médias disparaissaient, offrant à chacun la possibilité de s'exprimer librement.

3. **Un rapprochement des cultures** : Les réseaux sociaux facilitaient les échanges interculturels, permettant à des individus de pays différents de dialoguer et de se découvrir.

4. **Une visibilité pour les initiatives locales** : Les petites entreprises, les associations et les projets citoyens pouvaient se faire connaître sans disposer de budgets colossaux.

À cette époque, l'outil semblait répondre à tous les espoirs. Il incarnait l'idée d'un futur où la technologie servirait de pont entre les hommes, favorisant la compréhension, l'entraide et la créativité.

Les premières dérives : l'attention comme marchandise

Cependant, derrière ces promesses, des fissures commencent à apparaître dès la fin des années 2000. Les plateformes de réseaux sociaux, initialement conçues comme des outils de connexion et d'expression, ont vite compris que leur modèle économique dépendait d'un élément clé : **l'attention des utilisateurs**.

En capitalisant sur l'addiction aux notifications, aux likes et aux partages, les réseaux sociaux ont progressivement orienté leurs algorithmes pour maximiser le temps passé sur leurs plateformes. Ce changement subtil a marqué le début d'une dérive majeure : la recherche de l'attention à tout prix. Les contenus viraux, souvent sensationnels ou émotionnels, ont pris le pas sur les échanges authentiques et constructifs.

Conclusion : un potentiel immense détourné

Les débuts des réseaux sociaux étaient porteurs d'une vision profondément optimiste : celle d'un monde où la technologie rapprocherait les individus et favoriserait le progrès humain. Pendant une décennie, ces plateformes ont incarné un idéal de connexion, de partage et de collaboration, en promettant de briser les frontières et de démocratiser l'accès à l'information.

Cependant, cette utopie s'est peu à peu transformée en un espace saturé de superficialité et de quête de visibilité. Si l'outil possède encore un potentiel immense pour servir des causes nobles et rapprocher les individus, il est aujourd'hui dominé par des logiques commerciales et des dynamiques d'attention qui appauvrissent les échanges et favorisent la culture du vide.

Ce chapitre invite à prendre du recul : **comment retrouver l'idéal des débuts tout en résistant aux dérives actuelles ?** L'outil reste puissant, mais son utilisation détermine l'impact qu'il aura sur notre société.

Quand l'algorithme valorise la vacuité

L'émergence des réseaux sociaux et des plateformes numériques a été rendue possible grâce aux algorithmes, ces systèmes invisibles mais omniprésents qui déterminent ce que nous voyons, ce que nous aimons et, bien souvent, ce à quoi nous pensons. Si, dans leur phase initiale, les réseaux sociaux promettaient un accès équitable à l'information et une mise en relation authentique entre les individus, les algorithmes ont rapidement orienté cette utopie vers une toute autre direction : la valorisation des contenus les plus sensationnels, courts et souvent dénués de profondeur.

Ainsi, l'algorithme, conçu pour maximiser l'engagement des utilisateurs, a fini par favoriser ce qui captive le plus rapidement l'attention au détriment de ce qui enrichit véritablement l'esprit. La vacuité est devenue la norme, et ce phénomène a des conséquences profondes sur nos comportements, nos pensées et notre culture.

L'algorithme : un outil conçu pour capter l'attention

Les algorithmes des réseaux sociaux ne sont ni neutres ni bienveillants. Ils sont conçus dans un but précis : **maximiser le temps passé par l'utilisateur sur la plateforme.** En d'autres termes, plus vous passez de temps à scroller, à liker, à commenter ou à partager, plus les plateformes engrangent des profits grâce aux publicités. Cette course à l'attention repose sur des mécanismes psychologiques simples mais puissants : la gratification instantanée, la curiosité et l'émotion.

Pour atteindre cet objectif, les algorithmes analysent nos

comportements :

- Quels types de contenus regardons-nous le plus longtemps ?
- Quels sujets provoquent les réactions les plus intenses (likes, commentaires, partages) ?
- Quels formats captent notre attention en quelques secondes ?

En réponse à ces analyses, l'algorithme favorise les contenus qui génèrent **un engagement immédiat**, souvent au détriment de la qualité ou de la profondeur. Les vidéos courtes, les phrases chocs, les titres sensationnalistes et les images provocantes sont boostés parce qu'ils captent instantanément notre attention, alors que les contenus informatifs, complexes ou nuancés sont relégués au second plan.

La course à la viralité : du contenu au produit

Avec l'essor des plateformes comme *YouTube*, *Facebook*, *TikTok* et *Instagram*, une nouvelle dynamique s'est mise en place : **la quête de la viralité**. À travers des systèmes de recommandation basés sur l'algorithme, les plateformes récompensent les contenus capables de devenir viraux, c'est-à-dire d'être vus, aimés et partagés par des millions de personnes en un temps record.

Cette course à la visibilité a engendré un phénomène majeur : **la création de contenus creux et standardisés**, répondant uniquement aux attentes des algorithmes. En effet, pour maximiser leurs chances de « percer », les créateurs de contenu adaptent leurs publications aux critères valorisés :

- **La brièveté** : des vidéos de quelques secondes (comme sur TikTok ou les Reels Instagram) qui captent l'attention sans nécessiter d'effort intellectuel.
- **Le sensationnel** : des titres provocateurs, des mini-scandales ou des mises en scène exagérées qui jouent sur l'émotion.
- **La répétition** : des formats et des sujets qui suivent les tendances virales du moment, souvent copiés à l'infini.

Ainsi, l'algorithme transforme le contenu en **produit** : ce qui compte n'est plus la valeur intrinsèque d'une vidéo, d'une image ou d'un message, mais sa capacité à générer du clic, du partage et du temps passé. L'attention humaine devient une marchandise, et la qualité cède la place à la quantité et à la rapidité.

Quand l'émotion remplace la réflexion

L'un des effets les plus délétères des algorithmes est leur capacité à exploiter nos émotions pour maximiser notre engagement. Plusieurs études ont démontré que les contenus qui suscitent des réactions émotionnelles fortes — la colère, l'indignation, la peur ou l'euphorie — sont beaucoup plus susceptibles de devenir viraux que les contenus qui incitent à la réflexion ou au débat nuancé.

Cette dynamique a deux conséquences majeures :

1. **L'appauvrissement des échanges** : Les discussions profondes et constructives, qui nécessitent du temps et de l'espace, sont découragées. À l'inverse, les débats polarisés, simplifiés à l'extrême, sont mis en avant par les algorithmes.

2. **La glorification du vide émotionnel** : Des contenus souvent superficiels mais émouvants, comme des vidéos de challenges absurdes ou des mèmes humoristiques, captent plus d'attention que des analyses complexes ou des réflexions critiques.

L'algorithme favorise ainsi un cycle sans fin où **la stimulation émotionnelle instantanée** remplace **l'effort intellectuel**. La réflexion prend du temps, mais les algorithmes, eux, privilégient ce qui est immédiat.

Les conséquences sur la culture et la société

Lorsque l'algorithme valorise la vacuité, les conséquences se font ressentir à plusieurs niveaux :

1. **La banalisation des contenus pauvres** : Les informations complexes, nuancées et enrichissantes sont souvent noyées sous une avalanche de contenus simplistes et accrocheurs. Une vidéo virale de quelques

secondes aura plus de visibilité qu'un documentaire approfondi.

2. **La perte de repères culturels** : Les algorithmes créent des bulles informationnelles où les utilisateurs ne voient que les contenus qui confirment leurs goûts et leurs croyances. Cela limite leur exposition à la diversité culturelle, intellectuelle et sociale, et favorise une vision réductrice du monde.

3. **La glorification de la célébrité instantanée** : Les plateformes propulsent des individus au rang de « stars » pour des contenus parfois dénués de sens. Le modèle de réussite véhiculé est celui de la célébrité rapide, acquise sans effort ni talent particulier.

4. **La dévalorisation de l'effort intellectuel** : Dans un monde où l'immédiateté est reine, les contenus qui demandent du temps pour être compris ou appréciés sont souvent jugés « ennuyeux » ou « inutiles ».

Comment l'algorithme façonne nos comportements

L'un des aspects les plus insidieux de ce phénomène est que les algorithmes ne font pas que refléter nos préférences ; ils **les façonnent**. En nous exposant en priorité à des contenus superficiels et émotionnels, ils conditionnent notre cerveau à rechercher sans cesse ce type de gratification. Plus nous consommons des contenus creux, plus nous en demandons.

De plus, cette dynamique nous rend dépendants. Chaque notification, chaque vidéo virale déclenche une **décharge de dopamine** dans notre cerveau, créant une sensation de plaisir immédiat. À long terme, ce cycle d'addiction altère notre capacité à nous concentrer, à réfléchir et à apprécier des contenus plus profonds.

Conclusion : repenser notre rapport aux algorithmes

Lorsque les algorithmes valorisent la vacuité, ce ne sont pas seulement nos fils d'actualité qui en pâtissent, mais notre culture, nos comportements et notre vision du monde. Si ces outils technologiques possèdent un potentiel immense, leur usage actuel soulève une question fondamentale : **qui contrôle l'information que nous consommons, et dans quel but ?**

Reprendre le contrôle implique de repenser notre rapport aux plateformes numériques, d'encourager la diversité des contenus et de valoriser la réflexion plutôt que la réaction immédiate. Car dans une société où l'attention est devenue une monnaie, **résister à la vacuité est un acte de rébellion culturelle.**

CHAPITRE 3 : PSYCHOLOGIE DU VIDE

Pourquoi sommes-nous attirés par la légèreté et l'immédiateté ?

Dans une société moderne où tout s'accélère — l'information, la communication, les modes de consommation —, la légèreté et l'immédiateté se sont imposées comme des normes, presque comme des nécessités. Nous sommes inondés de contenus éphémères et accrocheurs qui captent notre attention sans effort, laissant de côté la réflexion profonde et le contenu de qualité. Mais pourquoi ces formes de divertissement nous attirent-elles autant ? Quels mécanismes psychologiques, sociaux et culturels expliquent ce penchant pour la facilité et l'instantanéité ?

Pour répondre à ces questions, il est nécessaire d'examiner le fonctionnement de notre cerveau, l'impact des nouvelles technologies et la manière dont nos modes de vie modernes ont façonné nos besoins et nos attentes.

Un cerveau programmé pour la gratification immédiate

L'une des raisons principales pour lesquelles nous sommes attirés par la légèreté et l'immédiateté réside dans la **structure même de notre cerveau**. Le cerveau humain est programmé pour rechercher des récompenses rapides, un phénomène largement étudié en neurosciences. Chaque fois que nous accomplissons une action qui procure une sensation de plaisir, comme manger un aliment sucré ou voir une vidéo amusante, notre cerveau libère de la **dopamine**, un neurotransmetteur responsable de la sensation de plaisir et de la motivation.

Dans le contexte des réseaux sociaux et des contenus numériques, ces récompenses sont démultipliées :

- Chaque "like", chaque "partage" ou chaque notification active ce circuit de récompense.
- Les vidéos courtes et captivantes, les mèmes humoristiques ou les phrases chocs procurent une satisfaction immédiate, sans demander d'effort intellectuel.

À force de consommer ce type de contenu, notre cerveau

s'habitue à ces décharges de dopamine rapides et commence à **les rechercher de manière compulsive**. Ce phénomène crée une forme d'addiction : plus nous consommons des contenus légers, plus nous avons besoin d'en consommer pour ressentir du plaisir. Les contenus plus complexes, qui demandent du temps et de la concentration, deviennent alors perçus comme « ennuyeux » ou « trop difficiles ».

Le poids de la fatigue cognitive

Dans un monde où nous sommes constamment sollicités — par notre travail, nos obligations personnelles, les notifications de nos téléphones et l'actualité incessante — notre **capacité d'attention** est mise à rude épreuve. La fatigue cognitive, c'est-à-dire l'épuisement de nos ressources mentales, pousse notre cerveau à chercher des activités moins exigeantes et plus gratifiantes.

Face à cette réalité, les contenus légers et immédiats offrent une **échappatoire** :

- Ils ne nécessitent pas de réflexion complexe ni d'effort mental.
- Ils permettent de « débrancher » temporairement notre esprit.
- Ils offrent une distraction rapide dans des moments de stress ou d'ennui.

En quelques secondes, un mème humoristique, une vidéo de chaton ou une publication virale sur les réseaux sociaux peuvent nous procurer un sentiment de détente, contrairement à un article long ou à une œuvre culturelle exigeante qui sollicite davantage notre énergie mentale.

La rapidité comme norme sociale

L'avènement des technologies numériques a profondément modifié notre rapport au temps. Nous vivons dans une société où **tout va plus vite** : les informations circulent en temps réel, les vidéos se consomment en quelques secondes et les échanges se résument à des messages courts. Cette accélération du rythme de vie a instauré une nouvelle norme : celle de l'immédiateté.

Nous avons appris à attendre des réponses instantanées et des résultats immédiats. Cette impatience se traduit également dans notre consommation culturelle et informationnelle :

- Les articles doivent être courts pour capter l'attention.
- Les vidéos doivent intriguer dans les premières secondes, sinon elles sont zappées.
- Les messages doivent être concis et directs pour être lus et compris rapidement.

Ce besoin de vitesse nous pousse à privilégier les contenus courts, faciles à consommer et dénués de complexité. Dans ce contexte, la **légèreté** devient un avantage, car elle permet d'obtenir un plaisir immédiat sans contrarier notre rythme de vie effréné.

La quête d'évasion dans un monde saturé d'informations

La société moderne est marquée par une surabondance d'informations. Chaque jour, nous sommes exposés à des centaines, voire des milliers de stimuli : actualités, publicités, notifications, opinions et divertissements. Cette saturation provoque une forme de **lassitude mentale**, une difficulté à filtrer et à hiérarchiser ce qui est important.

Face à ce déluge d'informations, les contenus légers et immédiats représentent une forme d'**évasion** :

- Ils nous permettent d'échapper, ne serait-ce que quelques instants, à la complexité et aux tensions du monde réel.
- Ils nous offrent des pauses courtes mais plaisantes dans nos journées surchargées.
- Ils nous divertissent sans nous obliger à nous engager émotionnellement ou intellectuellement.

Ainsi, regarder une vidéo virale, scroller sur Instagram ou lire un tweet drôle devient un moyen d'oublier momentanément nos préoccupations et de nous offrir une « bouffée d'air frais ».

Une société façonnée par les algorithmes

Il serait impossible d'expliquer notre attrait pour la légèreté et l'immédiateté sans évoquer le rôle des **algorithmes** qui régissent les plateformes numériques. Ces systèmes sont conçus pour nous montrer les contenus les plus susceptibles de capter notre attention et de nous maintenir engagés. Or, comme mentionné précédemment, ce sont les contenus **rapides, sensationnels et émotionnels** qui répondent le mieux à ces critères.

L'algorithme nous entraîne dans un cercle vicieux :

1. **Il analyse nos préférences** et remarque que nous passons plus de temps sur des vidéos courtes ou des publications légères.
2. **Il nous propose davantage de ces contenus**, renforçant notre attrait pour ce type de consommation.
3. **Il conditionne notre cerveau** à rechercher toujours plus de gratification immédiate, réduisant ainsi notre capacité à apprécier des contenus plus longs et profonds.

En d'autres termes, notre attirance pour la légèreté n'est pas uniquement une conséquence de notre comportement ; elle est **façonnée** par les outils que nous utilisons quotidiennement.

La peur de l'effort et de l'inconfort

Enfin, il est important de souligner que l'attirance pour la légèreté est aussi une forme d'**évitement de l'inconfort**. Lire un article complexe, regarder un documentaire exigeant ou réfléchir à des sujets profonds demande du temps, de la patience et parfois une remise en question personnelle. Ces activités peuvent nous confronter à des idées nouvelles ou inconfortables, ce qui exige un effort mental et émotionnel.

À l'inverse, les contenus légers et immédiats offrent une **zone de confort**. Ils nous divertissent sans nous bousculer, sans remettre en cause nos certitudes ou nos habitudes. Cette recherche de confort et d'absence d'effort est naturelle, mais elle contribue à appauvrir nos expériences culturelles et intellectuelles.

Conclusion : Un choix entre facilité et profondeur

L'attrait pour la légèreté et l'immédiateté est le résultat d'une combinaison complexe de facteurs : la structure de notre cerveau, la fatigue cognitive, les nouvelles normes sociales et l'influence des algorithmes. Dans un monde saturé d'informations et rythmé par l'urgence, il est tentant de se tourner vers des contenus rapides et faciles à consommer.

Pourtant, cette tendance soulève une question essentielle : **sommes-nous prêts à sacrifier la profondeur pour la facilité ?** La légèreté n'est pas en soi un mal, mais lorsqu'elle devient la norme dominante, elle appauvrit notre culture, notre pensée et notre rapport au monde. Résister à cette attirance demande un effort conscient : choisir de ralentir, de réfléchir et de consommer des contenus qui nous enrichissent réellement.

Partie II : Symptômes de la Superficialité

CHAPITRE 4 : L'OBSESSION DU PARAÎTRE

La montée de l'influence : followers, likes et validation sociale

À l'ère des réseaux sociaux, le concept d'**influence** a pris une ampleur sans précédent, redéfinissant nos comportements, nos valeurs et même notre rapport à nous-mêmes. Autrefois, l'influence était réservée à des figures d'autorité : les intellectuels, les personnalités politiques, les artistes ou encore les journalistes. Aujourd'hui, elle est à la portée de chacun grâce à des plateformes comme Instagram, TikTok, YouTube et Twitter. L'influence n'est plus forcément liée à des compétences ou à un savoir, mais souvent à une **présence numérique**, mesurée en nombre de **followers**, de **likes** et de **partages**.

Cette nouvelle dynamique a donné naissance à une culture de la **validation sociale**, où l'approbation extérieure, souvent superficielle, devient un objectif à part entière. Pourquoi ce besoin de reconnaissance est-il si puissant ? Quels mécanismes psychologiques et sociétaux expliquent l'obsession pour les chiffres sur les réseaux sociaux ? Et quelles en sont les conséquences sur la culture, l'individu et la société dans son ensemble ?

La validation sociale : un besoin humain fondamental

Le besoin de reconnaissance n'est pas une nouveauté liée à l'ère numérique. Il s'agit d'un besoin fondamental ancré dans la nature humaine. Depuis des millénaires, les humains vivent en société et cherchent à s'intégrer, à être acceptés par leur groupe. Ce besoin d'appartenance a une fonction évolutive : il a permis à nos ancêtres de survivre en s'assurant la protection et le soutien de leur communauté.

Le psychologue **Abraham Maslow**, dans sa célèbre hiérarchie des besoins, place l'**appartenance** et l'**estime** juste après les besoins physiologiques (manger, dormir) et la sécurité. La reconnaissance sociale est essentielle pour notre bien-être psychologique : elle nous procure un sentiment d'identité, de valeur et de légitimité.

Dans le contexte des réseaux sociaux, ce besoin universel est amplifié par la nature même de ces plateformes, qui offrent des outils de validation **instantanée et mesurable**. Les "likes", les commentaires et les partages agissent comme des signes tangibles d'approbation, nous donnant l'impression d'être vus, entendus et appréciés. Plus encore, ils nous procurent une gratification immédiate, à la manière d'une récompense qui active le circuit de la **dopamine** dans notre cerveau.

L'influence numérique : quand les chiffres remplacent la valeur

Avec l'émergence des réseaux sociaux, l'influence a été transformée en une question de **quantité** plutôt que de qualité. Les critères d'influence sont désormais des chiffres :

- **Le nombre de followers** : Plus on a d'abonnés, plus on est perçu comme "important".

- **Le nombre de likes** : Chaque publication est un concours de popularité où la validation se mesure en clics.

- **Le nombre de partages et de vues** : Le succès d'un contenu est souvent déterminé par sa viralité.

Ces métriques simples et visuelles ont créé une **hiérarchie numérique** où les influenceurs — ces individus qui cumulent des milliers, voire des millions d'abonnés — occupent une place centrale dans la culture populaire. Leur pouvoir ne repose pas forcément sur des compétences particulières ou un message profond, mais sur leur capacité à **attirer l'attention** et à susciter des réactions.

Dans ce contexte, l'image prend le pas sur le contenu. Il ne s'agit plus tant de transmettre une idée ou de partager une réflexion, mais de générer de l'engagement. Plus les chiffres grimpent, plus l'influence augmente, entraînant :

1. **Une quête constante de visibilité** : Les utilisateurs cherchent à optimiser leurs publications pour atteindre le plus grand nombre.

2. **Une standardisation des comportements** : Pour plaire à l'algorithme et aux abonnés, les contenus tendent à se ressembler, favorisant des formats simples, accrocheurs

et souvent creux.

3. **La glorification de l'apparence** : L'esthétique devient un critère central de réussite sur les réseaux sociaux, au détriment du fond.

L'algorithme, un facilitateur d'influence

Les algorithmes des réseaux sociaux jouent un rôle clé dans la montée de l'influence. Conçus pour maximiser l'engagement des utilisateurs, ils favorisent les contenus qui génèrent des réactions rapides et émotionnelles. Ainsi :

- Les publications les plus **polarisantes**, les plus **spectaculaires** ou les plus **superficielles** sont celles qui obtiennent le plus de visibilité.
- Les contenus viraux sont souvent des vidéos courtes, des défis, des mèmes ou des phrases chocs qui captent l'attention instantanément.

L'algorithme récompense donc les comportements qui alimentent la culture de la validation sociale. Les utilisateurs sont encouragés à produire des contenus qui répondent aux attentes du public pour **"gagner" des likes et des followers**. Cette dynamique a conduit à une explosion de contenus souvent vides, mais hautement engageants, au détriment de la créativité, de l'authenticité et de la profondeur.

La validation sociale comme moteur d'estime de soi

L'une des conséquences les plus préoccupantes de cette culture de la validation est la façon dont elle influence l'**estime de soi**. Pour beaucoup d'utilisateurs, en particulier les jeunes, le nombre de likes ou de followers devient un indicateur de leur **valeur personnelle**. Une photo qui "cartonne" est perçue comme une réussite, tandis qu'une publication ignorée peut provoquer un sentiment d'échec ou de rejet.

Les réseaux sociaux agissent comme un miroir déformant où l'image de soi est constamment évaluée, comparée et jugée :

- **La comparaison sociale** : En voyant les réussites et la popularité des autres, les utilisateurs ont tendance à se sentir inférieurs ou inadéquats.

- **La quête de perfection** : Pour obtenir l'approbation de leur communauté, certains cherchent à projeter une image idéalisée d'eux-mêmes, souvent irréaliste.
- **La dépendance émotionnelle** : L'absence de likes ou de commentaires peut engendrer de l'anxiété, de la frustration ou même des symptômes dépressifs.

Ces phénomènes créent une forme de **fragilité psychologique**, où la validation extérieure devient le moteur principal de l'estime de soi, au détriment d'une confiance interne plus solide et durable.

La marchandisation de l'influence

La montée de l'influence ne concerne pas uniquement les individus : elle est devenue un **marché lucratif** pour les entreprises. Les marques ont rapidement compris que les influenceurs possédaient un pouvoir considérable sur leurs abonnés. Avec des audiences fidèles et engagées, ils sont devenus des **outils de marketing** incontournables pour promouvoir des produits et des services.

Cette marchandisation a encore renforcé la culture de la validation sociale :

- Les influenceurs sont rémunérés en fonction de leur nombre de followers et de leur capacité à générer de l'engagement.
- Les utilisateurs, même sans grande influence, se mettent à aspirer à devenir des "micro-influenceurs" pour profiter de cette économie.
- Les publications se transforment en vitrines publicitaires, où l'authenticité laisse souvent place à la promotion.

Ainsi, les likes et les followers ne sont plus seulement des signes de popularité : ils sont devenus une **monnaie d'échange**, donnant une valeur économique à la validation sociale.

Conclusion : Vers une prise de conscience ?

La montée de l'influence, alimentée par les likes, les followers et la validation sociale, reflète une société où l'apparence, la visibilité et l'approbation immédiate prennent le pas sur la profondeur et la réflexion. Ce phénomène, bien qu'ancré dans des besoins humains fondamentaux, est exacerbé par les mécanismes des réseaux sociaux, qui exploitent nos instincts les plus primaires pour capter notre attention.

Pourtant, une prise de conscience collective s'impose. Il est essentiel de reconnaître les limites et les dangers de cette culture de la validation :

- **Revaloriser l'authenticité** plutôt que la performance sociale.
- **Distinguer l'influence réelle** (fondée sur des idées et des valeurs) de l'influence numérique purement quantitative.
- **Cultiver l'estime de soi interne**, indépendante des jugements extérieurs.

La véritable influence ne devrait pas être une question de chiffres, mais de **valeur ajoutée** : la capacité à inspirer, à transmettre des idées et à enrichir le débat. Il est temps de repenser notre rapport aux réseaux sociaux pour retrouver une influence qui ait du sens.

L'impact sur la jeunesse : une quête d'identité numérique

L'essor des réseaux sociaux a transformé de manière radicale la façon dont les jeunes construisent leur **identité** et perçoivent leur place dans le monde. À une époque où la technologie est omniprésente, l'identité numérique est devenue un aspect central de la vie des nouvelles générations. Bien plus qu'un simple outil de communication, les plateformes numériques sont désormais des espaces où se jouent des **enjeux cruciaux** : reconnaissance sociale, appartenance, validation personnelle et construction de soi.

Cette quête d'identité à travers l'écran présente des conséquences profondes, tant sur le plan psychologique que social. La jeunesse d'aujourd'hui, exposée dès le plus jeune âge aux réseaux sociaux, est confrontée à des défis inédits : une identité façonnée par des **algorithmes**, une pression constante pour exister aux yeux des autres, et une difficulté croissante à discerner l'authenticité de la superficialité.

La jeunesse et les réseaux sociaux : un nouvel espace d'expression

Pour les jeunes, les réseaux sociaux représentent bien plus qu'une simple distraction : ils sont un **espace d'expression** et de construction identitaire. Ces plateformes permettent à chacun de créer, de partager et de façonner une image publique de soi. Elles offrent une opportunité sans précédent de :

- **Se raconter** : Les jeunes peuvent partager leur quotidien, leurs centres d'intérêt et leurs opinions à travers des photos, des vidéos ou des publications.
- **Se connecter** : Les réseaux sociaux facilitent les rencontres et les échanges, offrant un sentiment d'appartenance à des groupes ou des communautés.
- **Être vu et reconnu** : Chaque interaction (like, commentaire, partage) devient un signe de validation sociale.

Dans cette quête d'identité, l'image que les jeunes projettent en ligne est souvent perçue comme une extension d'eux-mêmes. Leur **identité numérique** devient un élément central de leur personnalité, parfois même plus valorisée que leur **identité réelle**.

Une construction identitaire sous influence

L'adolescence est une période cruciale de la vie où se construit l'identité. C'est une phase où les jeunes cherchent à **se définir**, à trouver leur place dans la société et à comprendre qui ils sont. Cependant, cette quête identitaire, autrefois ancrée dans des interactions réelles et tangibles, se déroule désormais dans un espace numérique où les **normes** et les **valeurs** sont souvent dictées par des algorithmes, des influenceurs et des tendances éphémères.

Les réseaux sociaux jouent un rôle d'autant plus puissant qu'ils fournissent des **modèles de comparaison** constants :

- **Influenceurs et célébrités** : Les jeunes s'identifient à des figures populaires qui affichent une vie apparemment parfaite, façonnée par des filtres et des mises en scène.

- **Pairs et amis** : Les adolescents se comparent entre eux, cherchant à reproduire les comportements ou les succès observés chez leurs camarades.
- **Normes de beauté et de réussite** : Les réseaux imposent des standards souvent irréalistes en matière d'apparence physique, de style de vie ou de succès professionnel.

Dans ce contexte, l'identité numérique devient une **performance** : pour être acceptés et valorisés, les jeunes se sentent obligés de présenter une version améliorée, voire artificielle, d'eux-mêmes. Le simple fait d'"exister" sur les réseaux sociaux nécessite de **se conformer** à ces normes, au risque de se sentir marginalisé ou invisible.

La pression de la validation sociale

La quête d'identité numérique chez les jeunes est intimement liée à la recherche de **validation sociale**. Les likes, les partages et les commentaires agissent comme des **indicateurs de valeur personnelle**, offrant une gratification immédiate mais fragile. Cette pression pour obtenir l'approbation des autres conduit à plusieurs phénomènes inquiétants :

1. **L'obsession des chiffres** : Les jeunes accordent une importance démesurée au nombre de likes ou d'abonnés, percevant ces métriques comme des signes de succès et d'acceptation sociale. Un contenu qui ne "fonctionne pas" peut entraîner un sentiment d'échec ou de rejet.

2. **La comparaison permanente** : En se confrontant constamment aux images idéalisées des autres, les jeunes développent des sentiments d'**insécurité** et d'**infériorité**. Ils se comparent à des versions filtrées et irréelles de la vie, oubliant que les réseaux sociaux ne montrent qu'une réalité **sélectionnée et mise en scène**.

3. **La dépendance émotionnelle** : L'approbation

numérique devient une source de satisfaction temporaire, mais elle crée une **dépendance psychologique**. Certains jeunes ressentent de l'anxiété lorsqu'ils ne reçoivent pas assez de likes ou lorsqu'ils sont "ignorés" en ligne.

4. **La peur du rejet** : Pour éviter les critiques ou l'indifférence, les jeunes adoptent des comportements conformes aux attentes des autres. Ils s'auto-censurent, évitent d'être authentiques et cherchent à plaire à tout prix.

Cette pression constante peut avoir des effets délétères sur la santé mentale : **anxiété sociale**, **dépression**, troubles de l'estime de soi et **isolement** sont en forte augmentation chez les jeunes utilisateurs des réseaux sociaux.

Une identité fragmentée : entre réalité et virtualité

Un autre phénomène préoccupant est la **fracture** entre l'identité réelle et l'identité numérique. Sur les réseaux sociaux, les jeunes ont la possibilité de se **réinventer** : ils choisissent ce qu'ils montrent, ce qu'ils cachent et comment ils se présentent. Cela peut être une forme d'**expression créative**, mais aussi une source de confusion.

- **Le masque numérique** : L'identité numérique agit parfois comme un "masque" qui cache les vulnérabilités ou les insécurités réelles. Les jeunes peuvent projeter une image positive et maîtrisée d'eux-mêmes, tout en se sentant profondément insatisfaits dans la réalité.

- **Le décalage** : Plus l'écart entre l'image numérique et l'identité réelle est grand, plus les jeunes peuvent ressentir un sentiment de **dissociation** et de perte d'authenticité.

Ce décalage nuit à la construction d'une **estime de soi solide**. Les jeunes finissent par chercher une validation extérieure constante pour compenser leurs insécurités internes, au lieu de construire une confiance personnelle indépendante des jugements numériques.

L'impact sur la santé mentale

La quête d'identité numérique chez les jeunes a un impact indéniable sur leur **santé mentale**. Plusieurs études ont démontré que l'usage excessif des réseaux sociaux est associé à :

- **Un taux accru d'anxiété et de dépression** : La comparaison sociale constante et la peur de ne pas être à la hauteur affectent l'humeur et l'estime de soi.

- **Des troubles du sommeil** : L'usage prolongé des écrans, en particulier le soir, perturbe le sommeil, ce qui aggrave les problèmes de santé mentale.

- **Un isolement paradoxal** : Malgré une hyperconnexion en ligne, les jeunes peuvent se sentir **seuls** et déconnectés dans leur vie réelle.

Il est essentiel d'éduquer la jeunesse sur les **dangers** de cette quête d'identité numérique et de promouvoir un usage plus sain et équilibré des réseaux sociaux.

Vers une identité numérique plus saine

Pour atténuer les effets négatifs des réseaux sociaux, il est impératif d'encourager les jeunes à :

1. **Développer un esprit critique** : Comprendre que les réseaux sociaux montrent une réalité biaisée et ne reflètent pas la vérité.

2. **Valoriser l'authenticité** : Encourager les jeunes à être eux-mêmes en ligne, sans chercher à se conformer à des standards artificiels.

3. **Prioriser les relations réelles** : Cultiver des relations en face à face pour renforcer les liens authentiques.

4. **Limiter le temps passé sur les réseaux** : Instaurer des pauses numériques pour éviter la dépendance.

Conclusion : La jeunesse face à un défi identitaire majeur

La quête d'identité numérique chez les jeunes est l'un des défis majeurs de notre époque. En cherchant validation et reconnaissance à travers des écrans, les nouvelles générations risquent de perdre le contact avec leur **authenticité** et leur **confiance en elles-mêmes**. Pour les aider à construire une identité saine et épanouie, il est urgent de repenser notre rapport aux réseaux sociaux et de sensibiliser les jeunes aux risques liés à cette culture de la validation permanente.

L'identité ne se résume pas à des likes ou des followers : elle se construit dans le **réel**, à travers des expériences authentiques, des relations sincères et une exploration intérieure qui ne peut être remplacée par un écran.

CHAPITRE 5 : L'ÉCONOMIE DU VIDE

Monétiser le futile : comment le contenu creux devient lucratif

Dans un monde où l'attention est devenue une denrée précieuse, le contenu creux est paradoxalement devenu un **moteur économique** majeur des réseaux sociaux et des plateformes numériques. Alors que certaines industries traditionnelles se basaient sur la production de biens matériels ou de services, l'ère numérique a redéfini la notion de valeur, faisant de l'attention et de l'interaction sociale les nouvelles **monnaies d'échange**. Le contenu dit "futile", souvent superficiel, spectaculaire ou sans véritable profondeur, est désormais le cœur d'un modèle économique où la **quantité prime sur la qualité**. Ce phénomène interroge : comment le contenu creux, qui semble n'apporter aucune véritable valeur, parvient-il à générer des **profits colossaux** ?

L'économie de l'attention : un marché lucratif

L'un des concepts clés pour comprendre la monétisation du contenu futile est celui de l'**économie de l'attention**. Dans cette ère numérique saturée de contenus, l'attention humaine est devenue le bien le plus convoité. Les entreprises et les plateformes numériques se battent pour capter et **maintenir l'attention** des utilisateurs, car c'est grâce à elle qu'elles génèrent des revenus. La stratégie est simple : **attirer, retenir et monétiser l'attention** des utilisateurs par le biais de contenus qui suscitent de l'engagement.

Le contenu creux — des vidéos virales, des mèmes, des défis, des réels accrocheurs ou des publications superficiellement amusantes — est particulièrement adapté à ce type d'économie. Pourquoi ? Parce qu'il est conçu pour être **immédiat, facilement consommable** et **hautement partageable.** Il joue sur des émotions rapides et simples : la surprise, le rire, l'émerveillement ou l'indignation. Ce type de contenu engendre une **réaction instantanée**, incitant les utilisateurs à liker, commenter et partager. Cette dynamique d'interaction permet aux plateformes de récolter des **données** et d'augmenter leur volume d'activité, ce qui est crucial pour leur modèle économique.

Plus un contenu génère d'engagement, plus il devient visible, et plus il est susceptible de capter l'attention de nouveaux utilisateurs. Ce cercle vertueux crée un flux constant de **revenus publicitaires**. Les annonceurs, eux, savent que les contenus à fort engagement offrent une **exposition massive**, et sont donc prêts à payer pour voir leurs publicités associées à ces contenus populaires. Ainsi, le contenu creux devient une **cible idéale pour la publicité**, renforçant son rôle clé dans le système économique numérique.

Les algorithmes : amplificateurs de vacuité

Les algorithmes des réseaux sociaux, comme ceux de Facebook, Instagram, TikTok et YouTube, jouent un rôle fondamental dans la monétisation du contenu futile. Conçus pour maximiser l'engagement et les interactions, ces algorithmes favorisent les contenus qui génèrent des **réactions rapides et massives**, indépendamment de leur qualité ou de leur profondeur. Leurs objectifs sont clairs : maintenir les utilisateurs **captifs** sur les plateformes le plus longtemps possible et les inciter à revenir régulièrement.

Le contenu creux — comme les vidéos courtes et percutantes — est parfait pour ce type d'engagement. Les vidéos de danse, les challenges viraux, les tutoriels inutiles ou encore les contenus humoristiques instantanés sont conçus pour être consommés de manière **rapide** et **répétitive**. Ces contenus ne nécessitent aucune réflexion profonde, mais stimulent un **engagement émotionnel immédiat**, générant des likes, des commentaires et des partages à grande échelle.

Les algorithmes prennent en compte ces **interactions** pour recommander du contenu similaire à un utilisateur, augmentant ainsi l'exposition à des contenus encore plus vides et superficiels. Cela crée une boucle où les contenus les plus creux sont constamment mis en avant, donnant l'illusion qu'ils sont populaires et importants, alors qu'ils n'offrent aucune véritable valeur ajoutée.

La culture de la célébrité numérique : une économie fondée

sur l'image

Une autre facette essentielle de la monétisation du contenu futile est l'**émergence de la célébrité numérique**. Sur des plateformes comme Instagram ou TikTok, les influenceurs, qui produisent parfois des contenus sans substance mais à forte valeur esthétique ou spectaculaire, sont devenus des **figures incontournables** de la culture populaire. L'influenceur-type est celui qui réussit à capter l'attention du plus grand nombre avec des vidéos légères, des photos stylisées ou des messages simplistes, parfois sans autre but que de divertir ou d'impressionner. Ces figures, qui n'ont parfois rien de particulier à offrir en termes de connaissances ou de compétences, parviennent pourtant à **monétiser leur notoriété** de manière phénoménale.

La célébrité numérique fonctionne selon des mécanismes similaires à ceux de la célébrité traditionnelle, à une différence près : les nouveaux "célébrités" sont accessibles, leur image est souvent plus authentique (ou du moins, perçue comme telle), et leur influence se bâtit principalement sur des chiffres — les **followers**, les **likes** et les **commentaires**. Pour les marques, cette nouvelle forme de célébrité est un terrain de jeu idéal pour **promouvoir des produits et des services**, car elle permet de toucher une large audience tout en **capitalisant sur la popularité** des influenceurs. En retour, les influenceurs sont payés pour promouvoir des produits, ou encore, pour leur participation à des campagnes marketing.

L'illusion de la valeur : la culture du "clickbait"

Le concept de **"clickbait"** (appâts à clics) est une autre illustration parfaite de la manière dont le contenu futile est monétisé. Les titres sensationnalistes, les miniatures accrocheuses et les contenus provocants sont utilisés pour **attirer l'attention** et **inciter au clic**, sans que le contenu sous-jacent n'ait nécessairement de substance. Par exemple, un titre comme "Vous ne croirez jamais ce qui se passe ensuite !" peut susciter une **curiosité immédiate** et un **clic**, mais le contenu réel n'apporte aucune information utile ou intéressante.

Les plateformes de vidéo, comme YouTube, sont particulièrement adeptes de cette stratégie : une **miniature** bien conçue et un **titre** hyperbolique peuvent garantir des millions de vues, sans que le contenu ne soit nécessairement de haute qualité. Ces vidéos génèrent un **grand nombre de vues**, ce qui permet aux créateurs de contenu de toucher des **revenus publicitaires**. Ces pratiques ont engendré une culture où la recherche du **clic facile** prime sur la qualité, la réflexion et la valeur.

La superficialité : un modèle économique gagnant

Dans ce contexte, la superficialité se transforme en un **modèle économique gagnant**. Le contenu qui capte l'attention rapidement, qui provoque des émotions instantanées et qui peut être consommé sans effort ni réflexion, est celui qui génère le plus d'engagement, de partage et, par conséquent, de **revenus publicitaires**. La **simplicité** et la **légèreté** sont les clés de la réussite, car elles favorisent l'immédiateté et la viralité.

Les marques exploitent cette dynamique, en collaborant avec des créateurs de contenu pour placer leurs produits dans des vidéos, des challenges ou des posts divertissants. Ce modèle repose sur la **mise en avant de l'apparence** : les produits sont associés à des images idéalisées et à des moments de plaisir immédiat. Les utilisateurs sont ainsi encouragés à consommer, à partager et à s'abonner, créant une **économie circulaire** où le contenu futile génère des profits à travers l'engagement et la publicité.

Conclusion : un système économique basé sur l'éphémère et la vacuité

La monétisation du contenu creux, bien qu'elle soit un phénomène en apparence paradoxal, repose sur des mécanismes simples et puissants. En exploitant le désir humain de gratification instantanée, de reconnaissance sociale et de divertissement, les plateformes numériques ont créé un système où l'attachement à des contenus légers et superficiels est récompensé par une **monétisation massive**.

Cependant, cette logique pose plusieurs questions profondes :

Quelle est la **valeur réelle** de ces contenus ? Pourquoi une telle prédominance de la vacuité dans la culture numérique contemporaine ? Et comment pouvons-nous réorienter ce modèle pour favoriser des contenus plus riches, significatifs et bénéfiques pour la société dans son ensemble ? Ces questions restent ouvertes, mais il est clair que l'économie numérique a redéfini notre rapport à la valeur et à l'attention, transformant le contenu creux en un pilier central de l'écosystème digital moderne.

Les marques et leur rôle dans l'entretien de cette tendance

Les marques ont joué un rôle essentiel dans l'essor et la pérennisation de la culture du vide et du contenu superficiel. Alors que ces contenus semblent souvent sans profondeur et éphémères, ils sont paradoxalement devenus des outils puissants au service de stratégies marketing sophistiquées. La tendance vers des contenus légers, instantanés et parfois vides de sens n'a pas émergé par hasard. Elle a été alimentée et entretenue par des marques qui ont vu en elle un moyen de capter l'attention d'un public de plus en plus exigeant, distrait et avide de gratification immédiate. Ces marques ont compris que, dans un monde saturé d'informations, il est plus efficace de séduire par la **simplicité** et l'**émotion immédiate**, plutôt que de chercher à convaincre par des messages complexes ou des valeurs profondes.

Les marques comme architectes du contenu facile à consommer

Les marques sont devenues les **créatrices et les diffuseuses** de contenus qui misent sur la simplicité et l'immédiateté. Elles ont investi massivement dans des formats courts et percutants, qui répondent aux attentes des utilisateurs modernes, impatients et enclins à la consommation rapide. L'essor des **publicités vidéo courtes** sur des plateformes comme TikTok ou Instagram en est un exemple frappant. Ces formats sont idéaux pour capter l'attention en quelques secondes, jouer sur des émotions primaires comme l'humour, la surprise ou l'émerveillement, et inciter à une réaction immédiate.

Les marques ont compris que, dans un environnement numérique où les utilisateurs sont constamment bombardés de contenu, il est crucial d'adapter leur communication à l'**instantanéité** de l'ère digitale. La **publicité traditionnelle** — qui se basait sur une narration plus développée, des valeurs ou des messages plus profonds — a cédé le pas à des formats visuels percutants, des messages simplistes et des récits légers. Pour cela, elles ont mis au point des stratégies qui consistent à **réduire au maximum la friction cognitive** : le spectateur ne doit pas réfléchir trop longtemps pour comprendre l'essence du message.

Ce contenu superficiel et viral répond aux attentes d'une audience qui, souvent, n'a ni le temps ni l'envie d'analyser profondément ce qui lui est présenté. Les marques exploitent cette logique en simplifiant leurs messages pour qu'ils soient immédiatement consommables, facilement compréhensibles et mémorables, souvent en jouant sur l'effet de surprise ou d'humour. Ces contenus sont adaptés à la **culture de l'instant**, où l'importance réside non pas dans la longévité du message, mais dans son pouvoir immédiat de capter l'attention.

L'exploitation des émotions et de l'instantanéité

Les marques ont également pris conscience que l'engagement émotionnel est **un levier puissant** pour stimuler l'intérêt et la fidélité des consommateurs. Dans un monde où les individus sont souvent en quête de **reconnaissance**, de **validation** et de **plaisir immédiat**, elles ont appris à exploiter des contenus qui **provoquent des réactions instantanées**. Des **publicités émotionnelles** aux campagnes de **lancement virales**, tout est conçu pour que les utilisateurs réagissent rapidement : rire, s'étonner, être choqué ou inspiré.

Les émotions sont utilisées comme une **stratégie de manipulation douce**, qui non seulement attire l'attention, mais **influence les comportements d'achat**. En créant des contenus visuels simplistes mais puissants, les marques parviennent à se **connecter rapidement** avec leur audience, souvent à un niveau plus profond et instinctif, plutôt qu'intellectuel. Par exemple, les campagnes publicitaires qui font appel à des images de bonheur, d'amitié ou de bien-être séduisent en suscitant des **réactions émotionnelles positives**. Ces émotions ne se traduisent pas nécessairement par un engagement réfléchi ou une considération à long terme du produit ou du service, mais plutôt par une **réaction immédiate**, qui peut se traduire par un achat impulsif ou une fidélisation à court terme.

La quête de l'engagement à tout prix : likes, partages et commentaires

Dans cette dynamique, les marques ont également compris que **l'engagement numérique** est un moteur puissant de visibilité. C'est là que la culture du contenu superficiel et viral prend toute son ampleur. Les **likes**, **partages** et **commentaires** sont devenus les nouvelles monnaies d'échange. En créant des contenus « faciles à consommer » et suffisamment engageants, les marques parviennent à **multiplier leur exposition** et à **accélérer leur visibilité**.

Cela passe par des stratégies de **"participation sociale"** où l'audience est incitée à réagir et à interagir avec le contenu. Les challenges sur les réseaux sociaux, les mèmes, les hashtags populaires ou les campagnes participatives sont autant de moyens par lesquels les marques poussent leurs utilisateurs à interagir. Plus un contenu est partagé, aimé et commenté, plus il devient **visible**, ce qui entraîne un cercle vertueux qui amplifie l'exposition des produits et des messages associés.

Cette logique de l'engagement à tout prix, qui privilégie la quantité de réaction plutôt que la **qualité** de l'interaction, pousse les marques à entretenir cette **culture de la vacuité**. Après tout, ce qui compte dans cette économie de l'attention, c'est de **capturer l'instant**, de générer une **réaction immédiate** et de maintenir une **présence constante** dans le fil d'actualités des utilisateurs.

Les influenceurs : une extension de la stratégie marketing

Les marques ont également compris que les influenceurs jouent un rôle déterminant dans cette logique de contenu rapide et superficiel. L'influenceur, qui produit souvent un contenu léger, accessible et divertissant, devient **le véhicule idéal** pour diffuser des messages marketing. Leur **audience** est à la fois captive et engagée, et les relations qu'ils entretiennent avec leurs abonnés reposent sur l'**authenticité** et la proximité. Cela permet aux marques de diffuser des messages tout en donnant l'illusion d'une recommandation « personnelle » ou « spontanée ».

Les influenceurs, qui partagent des moments de leur quotidien souvent légers ou non intellectuels, participent activement à **l'entretien de la vacuité**. En intégrant des produits ou des services dans des contenus peu profonds ou franchement amusants, ils permettent aux marques de se connecter à leur public de manière **indolore**, souvent sans susciter de réflexion critique. Les jeunes générations, en particulier, sont souvent plus enclines à accepter des messages publicitaires sous forme de contenus décontractés et ludiques, plutôt que des messages plus formels ou explicites. Les marques et les influenceurs deviennent ainsi des **partenaires naturels** dans la propagation de cette culture du vide.

L'illusion de l'authenticité : une stratégie marketing délibérée

Un autre aspect essentiel du rôle des marques dans cette tendance est la manière dont elles cultivent l'illusion de **l'authenticité**. Alors que de nombreuses marques cherchent à **humaniser** leur image pour se rapprocher des consommateurs, elles exploitent souvent les mêmes stratégies de superficialité et de légèreté qui caractérisent les contenus en ligne. En collaborant avec des influenceurs ou en créant des **contenus soi-disant « spontanés »**, elles génèrent un **effet d'authenticité** qui masque leur objectif marketing.

Cette façade d'authenticité est cruciale car elle répond à une des plus grandes attentes des utilisateurs : **ne pas se sentir manipulés**. Cependant, derrière cette façade, les marques orchestrent minutieusement des campagnes qui visent à capter l'attention, à collecter des données et à inciter à l'achat, souvent à travers des contenus qui semblent n'avoir aucune autre utilité que de divertir, faire sourire ou provoquer une réaction émotionnelle.

Conclusion : Un modèle économique qui nourrit le vide

Les marques, en tant que moteurs essentiels de la culture numérique, ont non seulement adopté mais aussi amplifié la tendance à la vacuité, en misant sur des contenus légers, émotionnels et instantanés. Ce processus de monétisation du futile repose sur une exploitation subtile de la psychologie des utilisateurs, en favorisant des formats simples et engageants qui répondent à l'appétit croissant pour la gratification immédiate.

Ce modèle économique, basé sur l'**attention** et l'**engagement** rapide, semble durable dans l'immédiat, mais il pose des questions importantes sur la **durabilité** de cette culture et sur l'avenir de l'économie numérique. À mesure que la superficialité devient de plus en plus omniprésente, les marques continuent de nourrir cette tendance, tout en profitant de la **vulnérabilité** des consommateurs et en exploitant les mécanismes de l'instantanéité et de la viralité.

CHAPITRE 6 : LE RÈGNE DES BUZZ ET DES POLÉMIQUES

La course à l'attention : pourquoi le sensationnel l'emporte sur la profondeur

Dans un monde saturé d'informations, où chaque instant est une opportunité pour capter l'attention, les médias, les plateformes numériques et les marques sont pris dans une véritable **course à l'attention**. Cette quête effrénée pour maintenir et maximiser l'engagement du public est devenue un enjeu central de l'écosystème numérique moderne. Dans cette dynamique, la recherche du **sensationnel** — ce qui choque, surprend, ou provoque une réaction immédiate — prend souvent le pas sur la **profondeur** des contenus. Mais pourquoi cette tendance s'est-elle imposée ? Pourquoi le sensationnel semble-t-il l'emporter sur l'approfondissement des sujets ou la recherche d'une réflexion nuancée ? La réponse réside dans des mécanismes psychologiques profonds, des dynamiques économiques et des changements culturels qui ont redéfini la manière dont nous consommons l'information et nous interagissons avec le monde numérique.

L'attention, nouvelle denrée rare et précieuse

Dans l'économie numérique, l'attention est devenue l'une des **ressources les plus précieuses**. Les plateformes sociales, les moteurs de recherche, les applications et même les publicités sont conçus pour capter, conserver et exploiter l'attention des utilisateurs. Ce phénomène est d'autant plus marqué dans un contexte où le flux d'informations est **constant et ininterrompu**. Les utilisateurs sont confrontés à un flot de contenus, souvent multiformes et constamment renouvelés, ce qui rend leur **attention de plus en plus volatile**. Pour se démarquer, les créateurs de contenu — qu'il s'agisse de journalistes, de créateurs numériques ou de marques — doivent rivaliser d'ingéniosité pour **capturer** et **maintenir l'attention**, souvent au détriment de la qualité ou de la profondeur.

Dans cette logique, l'**effet de surprise**, le **choc émotionnel** et le **spectacle visuel** sont devenus des leviers puissants. En effet, un contenu sensationnel, qui suscite une réaction immédiate et forte, est plus susceptible de capter l'attention qu'un contenu plus complexe, qui nécessite une attention prolongée et un effort cognitif plus important. C'est pourquoi les titres accrocheurs, les images chocs et les vidéos percutantes dominent largement les fils d'actualités. Le **sensationnel** est plus facile à consommer, plus rapide à comprendre et plus facile à partager, ce qui en fait un **moteur économique** pour les plateformes qui veulent maximiser l'engagement de leurs utilisateurs.

La psychologie de la gratification immédiate

Un des éléments clés qui explique pourquoi le sensationnel l'emporte sur la profondeur réside dans les **mécanismes psychologiques** humains, notamment la recherche de gratification immédiate. L'être humain, dans son interaction avec le numérique, est de plus en plus orienté vers des **récompenses instantanées**. Cette logique s'aligne parfaitement avec l'apparition des notifications, des vidéos courtes et des interactions en temps réel.

Lorsque nous consommons du contenu sensationnel — qu'il s'agisse d'une vidéo virale, d'un scandale médiatique ou d'un mème — la gratification que nous éprouvons est **instantanée**. Cette gratification est principalement émotionnelle, procurant des sentiments de surprise, de rire, d'indignation ou d'émerveillement. Les plateformes sociales, telles que **Facebook**, **Instagram**, **TikTok**, ou **YouTube**, utilisent des systèmes de récompense visuels — likes, commentaires, partages — qui **accentuent cette gratification immédiate**. Le **dopamine** produite par ces interactions stimule une sorte de dépendance positive, renforçant la recherche de contenus plus rapides, plus surprenants et plus légers, au détriment de contenus plus exigeants intellectuellement ou émotionnellement.

Le contenu sensationnel, en offrant une gratification rapide, répond parfaitement à cette **demande de stimulation immédiate**, tandis que la profondeur exige une **réflexion**, un **investissement personnel** et du **temps**, des éléments qui sont de plus en plus délaissés dans une culture du tout, tout de suite.

Les algorithmes : optimisateurs du sensationnel

Les plateformes sociales et les moteurs de recherche fonctionnent principalement à l'aide d'**algorithmes** qui sont conçus pour maximiser l'engagement. Ces algorithmes ne sont pas nécessairement intéressés par la qualité du contenu, mais par la capacité de celui-ci à **capturer et maintenir l'attention** des utilisateurs. Ils privilégient des **contenus à fort taux d'engagement**, ce qui signifie que tout contenu qui génère beaucoup de likes, de commentaires ou de partages sera automatiquement favorisé.

Or, ces contenus à forte capacité virale sont généralement ceux qui suscitent des émotions fortes, qu'elles soient positives ou négatives. Le **drame**, le **scandale**, le **choc**, mais aussi l'**humour instantané** et la **surprise** sont des leviers qui suscitent des réactions rapides et massives. Les **titres sensationnels**, comme ceux qu'on trouve dans le journalisme de **clickbait** (appâts à clics), sont souvent choisis pour capter l'attention sans souci de vérité ou de nuance. Ces algorithmes, par leur recherche constante de contenu viral, alimentent cette dynamique en favorisant systématiquement les contenus sensationnels qui créent une interaction immédiate. En conséquence, les contenus profonds, nuancés ou plus réfléchis, qui demandent une lecture plus attentive et plus longue, sont souvent relégués au second plan.

L'algorithme fonctionne ainsi comme un amplificateur de la **superficialité**, car il met en avant ce qui génère des **réactions rapides** et **prévisibles**, là où la profondeur et la réflexion nécessitent un temps d'investissement que les utilisateurs sont souvent moins enclins à consacrer.

La culture du "scan" : un monde de surinformation

L'essor de la consommation numérique a transformé la manière dont nous interagissons avec l'information. À l'époque de la télévision traditionnelle ou de la presse écrite, les consommateurs étaient souvent amenés à **consommer des contenus plus longs** et plus structurés. Aujourd'hui, dans un environnement dominé par les réseaux sociaux et les flux d'information constants, les utilisateurs se comportent davantage comme des **scanner** que comme des **lecteurs attentifs**. Nous parcourons les titres, nous **feuillettons** les articles et **zappons** d'une vidéo à une autre sans jamais nous engager pleinement.

La **surinformation** est désormais une caractéristique du monde numérique : nous avons accès à une quantité colossale de données, mais notre capacité à les traiter est limitée. Face à cette surcharge d'informations, nous avons tendance à privilégier des contenus **visuellement percutants**, à l'impact immédiat et sans nécessiter un investissement mental profond. Le sensationnel, par sa forme concise et son effet émotionnel, est **plus facile à digérer**, tandis que la profondeur demande une **attention soutenue**, de la **réflexion** et parfois de la **patience**. Dans ce contexte, la course à l'attention devient un véritable défi pour les producteurs de contenu, qui, pour capter l'intérêt, se tournent de plus en plus vers le contenu sensationnel.

L'instantanéité de la gratification sociale : les likes et la validation collective

Une autre dimension essentielle dans cette quête du sensationnel est la **validation sociale**. Les utilisateurs des réseaux sociaux sont en quête constante de **validation** par les autres : que ce soit sous la forme de **likes**, de **commentaires** ou de **partages**, chaque interaction avec le contenu nourrit un **besoin d'approbation** et de reconnaissance. Le contenu sensationnel, qui provoque des émotions immédiates et visibles, est particulièrement propice à l'obtention rapide de cette validation. Les utilisateurs, souvent plus enclins à partager des contenus émotionnellement percutants, y trouvent une gratification instantanée et un **renforcement social**.

Cela explique en partie pourquoi des contenus qui n'ont pas de profondeur, mais qui sont **viralement efficaces**, s'imposent sur les plateformes. Le besoin de reconnaissance sociale par l'intermédiaire du **partage**, de l'**engagement** et du **like** devient un moteur puissant qui oriente les utilisateurs vers le sensationnel plutôt que vers le contenu profond et réfléchi. En effet, ce dernier est souvent plus risqué et moins susceptible de déclencher une réaction immédiate.

Conclusion : une dynamique difficile à inverser

La course à l'attention, avec sa logique de **sensationnel** l'emportant sur la profondeur, n'est pas un phénomène récent, mais elle est devenue **dominante** dans la culture numérique contemporaine. Les plateformes numériques, les médias et même les marques ont développé des stratégies axées sur l'instantanéité, l'engagement rapide et l'émotion forte pour capter l'attention d'un public toujours plus exigeant et distrait. Dans ce contexte, le contenu sensationnel, qui provoque une **réaction immédiate**, devient un outil indispensable pour survivre dans l'environnement numérique concurrentiel. L'importance de l'attitude réflexive et de la profondeur intellectuelle s'estompe au profit de **contenus immédiats**, faciles à consommer et à partager.

Alors que ce modèle est devenu une norme, il soulève des questions cruciales sur l'avenir de la culture numérique et l'impact de cette superficialité sur nos sociétés. Si la recherche de l'attention a permis une certaine forme d'accessibilité et d'engagement, elle a aussi engendré une culture où le **sensationnel** prime souvent sur le **réfléchi**, et où l'instantanéité l'emporte sur la profondeur.

Les conséquences sur les débats publics et la désinformation

Dans un monde où l'information circule à une vitesse exponentielle et où la consommation des contenus est souvent axée sur l'immédiateté et l'impact émotionnel, la culture du vide et la recherche incessante de l'attention ont des conséquences profondes sur les débats publics et l'intégrité de l'information. Ces dynamiques ont permis l'émergence d'une ère où les **débats politiques**, **sociaux** et **culturels** sont souvent dominés par la **simplification excessive**, la **polarisation** et, parfois, la **désinformation**. Alors que les plateformes numériques, notamment les réseaux sociaux, jouent un rôle central dans la diffusion de ces contenus, elles deviennent également des terrains fertiles pour les manipulations et la propagation de récits erronés. Mais comment ces mécanismes ont-ils contribué à l'altération des débats publics ? Et comment la quête du sensationnel et de l'attention impacte-t-elle la manière dont nous comprenons les enjeux cruciaux de notre époque ?

La simplification excessive des débats : d'un argumentaire nuancé à des slogans viraux

L'un des effets les plus immédiats de la culture du sensationnel sur les débats publics est la **simplification excessive des sujets complexes**. Lorsque les questions de société, de politique ou d'économie sont réduites à des messages concis, souvent réduits à des slogans ou à des phrases choc, elles perdent de leur substance et deviennent des **objets de manipulation facile**. Loin de permettre une discussion raisonnée et nuancée, les plateformes sociales privilégient la diffusion rapide de messages clairs, mais souvent trop simplistes, qui ne font que renforcer les divisions et empêcher un véritable échange d'idées.

Prenons l'exemple de la **politique**. Sur les réseaux sociaux, un débat sur des enjeux comme le changement climatique, les inégalités sociales ou la gestion de la pandémie de COVID-19 est souvent réduit à des **affirmations catégoriques**, des **mèmes** ou des **citations tronquées**, qui ne laissent aucune place à la réflexion approfondie ou à la nuance. Par exemple, un tweet de 140 caractères qui affirme « L'écologie, c'est une arnaque » ou « La pandémie, c'est juste une grippe » peut rapidement capter l'attention et se propager de manière virale, mais il ne contribue en rien à un débat éclairé. Ce type de contenu favorise **l'extrémisme** et **l'idéologie simpliste**, rendant plus difficile l'accès à une discussion honnête et raisonnée.

Les arguments devenant de plus en plus brefs et percutants, l'analyse des **multiples facettes d'un problème complexe** devient une tâche fastidieuse, voire inutile, au regard des formats courts et percutants qui envahissent les fils d'actualités. De cette manière, le **détournement de l'attention** et la **banalisation de l'information** provoquent une appauvrissement des débats publics, qui se transforment en un jeu de slogans et de réactions impulsives plutôt qu'en un échange constructif.

La polarisation accrue : des bulles de filtres à l'intensification des conflits

Un autre effet majeur de la quête d'attention, alimentée par les contenus sensationnels, est la **polarisation accrue** des débats publics. Les plateformes sociales, par leur structure algorithmique, tendent à renforcer la tendance des utilisateurs à s'enfermer dans des **bubbles informationnelles** ou des **chambres d'écho**. Les algorithmes privilégient les contenus qui suscitent de fortes réactions émotionnelles, et ces réactions sont souvent négatives : colère, indignation, peur. Ce mécanisme a pour conséquence de diviser les utilisateurs en communautés idéologiques qui se renforcent mutuellement en étant constamment exposées à des contenus qui confortent leurs opinions et croyances existantes.

Dans cet environnement, les débats publics deviennent de plus en plus polarisés, car chaque groupe est exposé principalement aux idées qui partagent ses convictions. Les personnes qui ne sont pas directement dans une de ces bulles idéologiques sont souvent incapables de se faire une opinion objective sur un sujet donné, car elles sont noyées dans une mer de **désinformation**, de **rumeurs** et de **mémés**. Cette polarisation crée une atmosphère où les **discussions civilisées** deviennent de plus en plus rares et où les opinions divergentes sont perçues comme des **menaces** plutôt que comme des opportunités de dialogue constructif.

L'exemple classique de cette polarisation est l'impact des réseaux sociaux sur des **élections** ou des **référendums**. Les **fake news**, les **manipulations algorithmiques** et la **démagogie** sont facilitées par les filtres créés par ces plateformes. Elles encouragent la propagation de contenus émotionnels, souvent exagérés ou complètement faux, qui alimentent les **frictions** sociales et politiques. Ce phénomène n'est pas seulement le fait des utilisateurs, mais aussi des acteurs extérieurs qui exploitent la viralité des réseaux pour influencer l'opinion publique.

La désinformation : une conséquence directe de l'accélération des informations

La désinformation est l'une des conséquences les plus dommageables de l'essor de la culture du vide et de la course à l'attention. Alors que les contenus sensationnels sont créés pour capter l'attention de manière immédiate, la véracité des informations en devient souvent un détail secondaire. Dans la guerre pour l'attention, la **rapidité** et la **réaction émotionnelle** prennent le pas sur la **précision** et la **rigueur**.

La désinformation se propage souvent sous forme de **titres chocs**, de **fausses informations** ou de **rumeurs amplifiées**, qui voyagent beaucoup plus vite que les **fact-checking** et les **analyses rigoureuses**. Prenons l'exemple des **théories du complot** : des vidéos virales, des articles sensationnels ou des posts sur les réseaux sociaux peuvent propager de fausses informations sur des événements mondiaux, des crises sanitaires ou des scandales politiques. En raison de l'**immediacy** et de l'**évolutivité** des plateformes, ces contenus erronés atteignent un large public bien plus rapidement que les correctifs ou les clarifications. Le résultat ? Des millions de personnes peuvent être influencées par des informations **non vérifiées**, souvent manipulées à des fins politiques ou économiques.

De plus, la **vitesse de circulation** des informations sur les réseaux sociaux permet une **propagation exponentielle de la désinformation**. En quelques minutes, une fake news peut traverser plusieurs pays et alimenter des discussions virulentes. Les **faits complexes** sont souvent éclipsés par des **messages simplistes** qui se répandent à une vitesse fulgurante. L'un des exemples les plus marquants de ce phénomène est la **pandémie de COVID-19**, pendant laquelle des **rumeurs sur les vaccins** et des **théories complotistes** ont circulé sur les réseaux sociaux, générant une **désinformation massive** qui a eu un impact sur la santé publique à l'échelle mondiale.

L'impact sur la démocratie et la société civile

Les conséquences de la simplification des débats et de la

propagation de la désinformation sont d'autant plus graves lorsqu'elles concernent les **fondements de la démocratie**. Un des piliers d'une démocratie saine repose sur des **débat publics éclairés**, où les citoyens sont capables de discuter des enjeux politiques de manière informée et réfléchie. La propagation de contenus sensationnels, de rumeurs et de fake news nuit à cette capacité d'analyse critique. Lorsque les citoyens sont constamment exposés à des informations tronquées, superficielles ou biaisées, il devient extrêmement difficile de prendre des décisions éclairées lors des élections ou sur des questions de politique publique.

Les **démagogues** et autres leaders populistes, qui comprennent bien cette dynamique, peuvent utiliser cette culture du vide à leur avantage. En mettant en avant des **discours simplistes**, des **mensonges grossiers** ou des **peurs irrationnelles**, ils exploitent la facilité avec laquelle l'information erronée se diffuse pour **polariser davantage les opinions** et **consolider leur pouvoir**. Ce phénomène érode peu à peu la **confiance publique** dans les institutions démocratiques et dans la presse indépendante, ce qui conduit à une crise de **l'information** et à un affaiblissement de la **démocratie** elle-même.

Conclusion : la nécessité de repenser l'information dans l'ère numérique

La culture du vide, dans son exaltation de l'instantanéité et du sensationnel, a des conséquences profondes sur les débats publics. Elle nourrit la **simplification des idées**, **l'amplification des divisions** et **l'érosion de la vérité**, créant un environnement où la désinformation et la manipulation se développent à une vitesse inquiétante. Pour préserver la santé de nos démocraties et de nos sociétés, il devient crucial de repenser la manière dont nous consommons l'information et de développer des mécanismes permettant de **valoriser la profondeur**, **la nuance** et **la véracité** dans le discours public. Une véritable **éducation à l'information** et un effort collectif pour restaurer la confiance dans les sources fiables sont plus que jamais nécessaires pour contrecarrer les effets délétères de cette culture du vide.

PARTIE III : IMPACTS SOCIÉTAUX PROFONDS

CHAPITRE 7 : L'IMPACT SUR LA CULTURE ET L'ART

Le déclin de la qualité dans la musique, le cinéma et la littérature

La culture du vide, avec sa recherche incessante d'immédiateté et de rentabilité rapide, a également profondément affecté des secteurs artistiques et créatifs essentiels comme la **musique**, le **cinéma** et la **littérature**. Ces domaines, jadis des expressions de profondeur et de réflexion, sont désormais de plus en plus marqués par une tendance à privilégier la consommation facile, rapide et souvent superficielle. Alors que ces formes d'art ont évolué au fil du temps pour répondre aux besoins et aux goûts des sociétés, l'influence croissante de la culture du vide a conduit à une **banalisation** des contenus et à une réduction de la richesse qui les caractérisait autrefois. Ce déclin de la qualité artistique dans ces trois domaines soulève des questions essentielles sur la nature de la créativité aujourd'hui et sur ce que nous perdons dans ce processus de simplification et de rentabilité à tout prix.

La musique : uniformisation et surproduction

La musique, qui a longtemps été une forme d'expression personnelle, sociale et culturelle, est l'un des domaines où la culture du vide se manifeste de manière évidente. Alors que des artistes comme **Bach**, **Beethoven** ou **Miles Davis** ont élevé la musique à des sommets de complexité et de profondeur, l'industrie musicale moderne semble de plus en plus orientée vers une **uniformisation** des sons et une **démocratisation** de la production. Le phénomène de la musique de masse, alimenté par des plateformes de streaming comme **Spotify** ou **Apple Music**, a modifié les priorités des producteurs, des artistes et des consommateurs.

Aujourd'hui, la logique économique domine la création musicale. Les producteurs cherchent à maximiser les **écoutes répétées**, en privilégiant des morceaux courts, faciles à retenir et immédiatement attrayants. Ce phénomène a donné naissance à une **standardisation des formats**, où les mêmes structures musicales se répètent, avec des mélodies simplistes, des refrains accrocheurs et des paroles souvent peu substantielles. Les **hits** des classements sont rarement le fruit d'une innovation musicale, mais plutôt d'une formule éprouvée qui maximise l'impact sur l'auditeur. Cette logique, qui mise avant tout sur la **productivité** et l'**efficacité**, a souvent sacrifié la profondeur musicale au profit de l'**instantanéité** et de l'**accessibilité**.

Les artistes, quant à eux, sont souvent contraints de s'adapter à ces nouvelles règles du jeu. Les maisons de disques privilégient des **productions calibrées** qui génèrent de l'argent rapidement plutôt que des créations plus audacieuses, risquées ou expérientielles. En conséquence, la musique perd une partie de son caractère révolutionnaire et transformateur. De plus, les **algorithmes de recommandation** jouent un rôle majeur dans la consommation musicale, orientant les auditeurs vers des genres populaires ou des titres déjà largement écoutés, plutôt que de leur permettre de découvrir des œuvres innovantes. En conséquence, la diversité musicale se réduit, et la possibilité d'expérimenter avec des genres ou des styles devient de plus en plus marginale.

Le cinéma : blockbuster, franchise et uniformité narrative

Le cinéma, autrefois un art profondément lié à l'expérimentation visuelle et narrative, connaît un phénomène similaire. En effet, au fur et à mesure que les **blockbusters** et les **franchises** dominent l'industrie, le cinéma en tant que forme d'art devient de plus en plus un **produit commercial** conçu pour plaire au plus grand nombre. Cette évolution s'accompagne d'une réduction de la diversité des genres et des approches narratives. Le **cinéma indépendant** et les productions à petits budgets, qui offraient des visions uniques et novatrices, se sont vu largement supplantés par des films à grand spectacle, souvent destinés à remplir des salles de cinéma ou à être visionnés sur des plateformes de streaming comme **Netflix** et **Disney+**.

Les **franchises** comme **Marvel**, **Star Wars** ou **Fast & Furious** illustrent parfaitement cette tendance. Ces films sont conçus pour garantir un **succès commercial immédiat**, avec des **histoires prévisibles**, des **personnages stéréotypés** et des **effets spéciaux spectaculaires**. Ils sont fabriqués à partir de recettes éprouvées pour capter l'attention du public sans trop prendre de risques créatifs. En conséquence, des films plus **audacieux** ou **intellectuellement stimulants**, qui traitaient de questions sociales complexes ou qui proposaient des approches cinématographiques novatrices, sont devenus de plus en plus rares.

La **domination des plateformes de streaming** a aussi contribué à ce phénomène, car elles privilégient des productions en grande quantité et à bas coût, souvent calculées pour maximiser le temps de visionnage plutôt que pour stimuler une réflexion profonde. Bien que certains films sur ces plateformes parviennent encore à sortir du lot, la logique de rentabilité immédiate pousse souvent à une **uniformité** dans les types de films produits, limitant ainsi la diversité des propositions artistiques.

De plus, les films aujourd'hui sont conçus pour attirer une **audience internationale**, et cette logique globale entraîne souvent une **américanisation** des récits, où les spécificités culturelles des autres pays sont négligées, et où les **clins d'œil commerciaux** sont privilégiés à l'originalité. Le cinéma, un art censé être porteur de réflexions sociales et culturelles profondes, devient de plus en plus une machine à vendre des produits de consommation instantanée.

La littérature : la domination des bestsellers et la fin du roman ambitieux

La littérature, quant à elle, fait face à une situation similaire. La quête incessante de **rentabilité** dans le monde de l'édition a conduit à la production de livres conçus non pas pour challenger le lecteur ou pour explorer des dimensions profondes de la condition humaine, mais pour **plaire rapidement** au plus grand nombre. Les **bestsellers**, souvent écrits dans un format facile à digérer, dominent désormais les classements. Ces livres, qu'ils soient des thrillers, des romances ou des sagas historiques, suivent des recettes éprouvées, avec des intrigues simplistes et des personnages unidimensionnels. L'objectif est de capter rapidement l'attention d'un public de masse et de multiplier les ventes.

Le **roman** ambitieux, avec ses couches de signification et sa capacité à déconstruire des paradigmes, devient de plus en plus marginalisé. La littérature devient de plus en plus accessible, mais dans un sens **réducteur**. En effet, des genres littéraires comme la **science-fiction**, qui ont longtemps servi de terrain de réflexion sur le futur et les grands enjeux sociaux, sont souvent réduits à des histoires de divertissement sans profondeur, souvent noyées sous les tropes du **blockbuster**.

La presse littéraire et les **critiques de livres**, qui autrefois jouaient un rôle dans l'évaluation et la diffusion d'œuvres artistiques complexes, sont de plus en plus marginalisées. À la place, les plateformes numériques et les recommandations algorithmiques prévalent, ce qui entraîne une **standardisation** des choix littéraires et un manque de diversité dans les livres qui accèdent aux **grands publics**. Les œuvres qui abordent des questions sociales, politiques ou psychologiques complexes, ou qui expérimentent avec la forme et le style, sont souvent reléguées dans des cercles plus restreints.

Conclusion : un appauvrissement de la culture populaire ?

L'influence de la culture du vide sur la musique, le cinéma et la littérature a conduit à une **banalisation** des contenus et à une **uniformisation** des créations artistiques. La recherche constante d'attention et de rentabilité à court terme a réduit la créativité et la diversité des productions culturelles, au détriment de la profondeur, de la réflexion et de l'innovation. Dans ce monde où la qualité est sacrifiée sur l'autel de l'immédiateté, il devient essentiel de réexaminer nos priorités en tant que consommateurs et créateurs de culture.

Un retour à une culture de l'**authenticité**, de la **diversité créative** et de la **profondeur** semble plus urgent que jamais. La culture, dans ses formes les plus ambitieuses, a le pouvoir de questionner, de déranger et de faire évoluer les sociétés. Mais pour cela, elle doit retrouver sa place en dehors de la logique marchande et des formats préconçus qui dominent actuellement l'industrie. Pour que la musique, le cinéma et la littérature ne se contentent pas d'être des produits de consommation, mais qu'elles retrouvent leur rôle de **moteurs de réflexion** et de **transformation sociale**, un changement radical dans notre manière de produire et de consommer la culture s'avère indispensable.

Quand le talent cède la place à la viralité

L'ère numérique a transformé en profondeur la manière dont nous consommons la culture. Autrefois, des critères de qualité, de technique et de profondeur étaient des valeurs cardinales dans les domaines créatifs comme la musique, le cinéma, et la littérature. Aujourd'hui, un phénomène plus immédiat et superficiel est venu s'imposer, redéfinissant ce que signifie être « populaire » ou « réussi » dans ces industries. **La viralité**, plus que jamais, est devenue la nouvelle norme, reléguant souvent le talent et la profondeur au second plan.

Ce changement est particulièrement frappant dans le contexte des plateformes numériques, qui favorisent l'instantanéité et l'apparence plutôt que la maîtrise artistique ou l'innovation profonde. Le monde de la création artistique, qui était autrefois un terrain réservé aux individus ayant mis des années à perfectionner leur art, semble désormais dominé par une mécanique de consommation effrénée, où l'apparence prime sur la substance. Mais que s'est-il réellement passé pour que **la viralité** devienne plus importante que **le talent** dans ces domaines ?

Les plateformes numériques : l'avènement d'une économie de l'attention

Les plateformes numériques, telles que **YouTube**, **TikTok**, **Instagram** et **Spotify**, ont bouleversé les règles du jeu dans les industries culturelles. En donnant la possibilité à n'importe qui de publier ses créations sans passer par les canaux traditionnels (maisons de disques, studios de cinéma, éditeurs), elles ont démocratisé la création mais aussi transformé la façon dont ces créations sont perçues et consommées.

L'une des dynamiques les plus frappantes de ces plateformes est leur capacité à propulser des contenus à une échelle mondiale, souvent en fonction de critères autres que la qualité artistique. Des vidéos de danse, des chansons tendances ou des memes visuels peuvent devenir viraux en quelques heures, générant des millions de vues et propulsant leurs créateurs vers des sommets de célébrité. Cependant, ce phénomène ne repose pas nécessairement sur un talent exceptionnel, mais plutôt sur des facteurs tels que **l'accessibilité**, **l'humour**, **l'aspect visuel frappant**, ou même simplement **le timing**.

Prenons l'exemple de **TikTok**. Des chansons simples, parfois même maladroitement produites, peuvent exploser en popularité grâce à leur capacité à être reprises dans des vidéos créatives et à capter l'attention par leur côté divertissant ou immédiat. Les algorithmes de la plateforme privilégient la rapidité, la capacité à capter l'attention en quelques secondes, et la **répétition**. Dans ce contexte, des artistes qui se contentent de suivre les tendances, sans nécessairement avoir une maîtrise particulière de leur art, peuvent rapidement se retrouver au sommet des charts. En revanche, des artistes aux talents indéniables mais dont le travail demande plus de temps pour être compris, sont souvent éclipsés par cette économie de l'attention qui valorise l'instantanéité.

L'impact sur la musique : de l'album conceptuel à la chanson éphémère

Dans l'industrie musicale, cette transition de la **qualité vers la viralité** est particulièrement évidente. Autrefois, un artiste passait souvent des années à créer un album cohérent, une œuvre musicale avec une profondeur narrative ou un propos particulier. Aujourd'hui, le succès d'un morceau ne dépend plus de sa capacité à susciter une émotion profonde ou à révéler une idée nouvelle, mais de sa capacité à **devenir un mème** ou à être repris de façon ludique et créative par les utilisateurs de plateformes sociales. Une chanson comme "Old Town Road" de Lil Nas X, qui a explosé sur TikTok avant d'être propulsée en tête des charts, est un exemple parfait de ce changement. La viralité s'est imposée comme le facteur principal du succès, effaçant souvent les critères classiques de qualité musicale, tels que l'originalité ou la maîtrise technique.

L'industrie de la musique, avec son obsession de la viralité et du contenu rapide, a contribué à la **disparition des albums conceptuels**, des morceaux à long terme, des **expériences sonores profondes**. Le focus est désormais mis sur des singles faciles à consommer et rapidement mémorables, dans l'optique de capter rapidement l'attention et de maintenir une audience fidèle avec des sorties fréquentes. Cette évolution a des conséquences sur la **diversité musicale** et la **richesse des propositions artistiques**. Les artistes qui parviennent à se démarquer sur les plateformes sont souvent ceux qui savent jouer sur la **réaction émotionnelle immédiate** et qui sont prêts à adapter leur art pour qu'il soit le plus facilement consumable possible.

Le cinéma et la recherche du spectacle immédiat

Le monde du cinéma, bien qu'encore plus attaché à des critères de production élevés, n'est pas épargné par ce phénomène. L'ère des blockbusters, où les films étaient jugés principalement sur leur potentiel à attirer un large public, a cédé la place à une **industrie du spectacle** de plus en plus orientée vers la quête de contenu viral.

Les films à gros budget, qui misent sur des **effets spéciaux** spectaculaires, des **scènes d'action** à couper le souffle, et des **narrations simplifiées**, sont devenus monnaie courante. Les franchises comme **Marvel**, qui dominent désormais le box-office mondial, sont des exemples typiques de cette évolution. Bien que ces films aient des qualités techniques indéniables, leur principal objectif est de **capturer l'attention immédiate** du public, souvent au détriment d'un scénario profond ou d'une réflexion artistique.

Les **streaming services** tels que **Netflix**, **Disney+** et **Amazon Prime** contribuent également à cette tendance. Les séries et films proposés sur ces plateformes sont souvent conçus pour être consommés en un minimum de temps, avec des intrigues simples et captivantes qui ne demandent pas un engagement mental intense de la part des spectateurs. La question n'est plus : "Est-ce un film de qualité ?", mais plutôt : "Est-ce que ça va capter l'attention de l'utilisateur et l'inciter à continuer à regarder ?"

Dans ce contexte, de nombreux réalisateurs et scénaristes talentueux, qui auparavant pouvaient se consacrer à des projets plus **audacieux** et **profonds**, se retrouvent contraints d'adopter des formats plus accessibles et plus adaptés aux exigences de l'algorithme. Le **film indépendant**, qui avait pour vocation de proposer une alternative aux blockbusters de studios, se retrouve souvent noyé sous une mer de contenu de plus en plus « prêt à consommer », et une forme de **profondeur narrative** est devenue l'exception plutôt que la règle.

La littérature : la quête de l'immédiateté au détriment de la profondeur

En littérature, cette transformation est également manifeste. L'auteur autrefois considéré comme un créateur d'un univers unique, complexe et réfléchi, est aujourd'hui souvent vu comme un producteur de contenus destinés à s'inscrire dans les tendances du moment. Le marché du livre, qui était dominé par des récits longs et des œuvres littéraires denses, est désormais en grande partie influencé par des formats plus courts, plus accessibles et moins exigeants. La multiplication des **livres numériques**, des **e-books**, des **publications indépendantes**, et des **romans auto-édités** a contribué à la démocratisation de la littérature, mais aussi à sa simplification.

Dans cet environnement, de nombreux auteurs choisissent de suivre des modes ou des genres populaires (romance, thriller psychologique, science-fiction légère) qui promettent une visibilité rapide et une forte demande. Les **romans à succès** sont souvent jugés sur leur capacité à captiver l'attention dès les premières pages, et non sur leur profondeur, leur style ou leur originalité. Le nombre de pages ou la qualité d'écriture n'a plus autant d'importance que la **capacité à répondre aux attentes immédiates d'un lectorat** en quête de satisfaction rapide. Cela a conduit à une **banalisation** de la littérature et à une disparition progressive des **œuvres exigeantes** qui requièrent de l'engagement intellectuel.

Conclusion : la victoire de la viralité sur le talent

Le phénomène de la viralité, alimenté par la consommation rapide et immédiate de contenu, a profondément redéfini les critères du succès dans la musique, le cinéma et la littérature. Les talents artistiques, la recherche de profondeur et la création de véritables œuvres deviennent parfois secondaires face à l'urgence de capter l'attention d'un public mondial, souvent pour une durée très courte. Si cette évolution peut sembler inévitable dans un monde de plus en plus dominé par les technologies et les réseaux sociaux, elle soulève des questions cruciales sur la direction que prennent nos industries culturelles. Dans cette **recherche effrénée de viralité**, nous risquons de sacrifier la richesse de la création artistique sur l'autel de l'immédiateté et de la consommation rapide.

CHAPITRE 8 : SANTÉ MENTALE EN DANGER

L'effet des contenus vides sur la dépression et l'anxiété

Dans notre ère numérique, les **contenus vides**, ou plus précisément les contenus superficiels, sensationnalistes et sans véritable substance, sont omniprésents sur les plateformes sociales, dans les médias, et même dans la publicité en ligne. Ces contenus sont souvent conçus pour capter l'attention de manière rapide et immédiate, en mettant l'accent sur des éléments visuels accrocheurs, des messages simplistes, des polémiques, ou des spectacles dénués de profondeur intellectuelle. Bien que ces contenus puissent procurer une gratification immédiate ou une distraction, leur prolifération a des conséquences profondes et alarmantes sur la santé mentale, en particulier en ce qui concerne les troubles tels que la **dépression** et **l'anxiété**. Mais comment ces contenus, souvent vus comme inoffensifs ou même amusants, peuvent-ils affecter profondément notre bien-être psychologique ?

Une gratification instantanée et ses effets sur le cerveau

Les contenus vides sont souvent créés pour provoquer une réaction émotionnelle immédiate, en usant d'images frappantes, de titres sensationnels ou de **titres cliquables** qui promettent une récompense rapide. Cette quête de **l'attention** se nourrit du besoin humain d'obtenir des **récompenses immédiates**, et les plateformes numériques, telles que **Facebook**, **Instagram**, **TikTok** ou **Twitter**, sont spécifiquement conçues pour répondre à ce besoin. Ce phénomène est intimement lié à l'activation du **système de récompense du cerveau**, notamment à la libération de **dopamine**, un neurotransmetteur associé au plaisir et à la satisfaction.

Chaque "like", chaque vue ou chaque commentaire positif devient ainsi une forme de gratification instantanée. Cette boucle de **récompense immédiate** peut devenir addictive, incitant les utilisateurs à rechercher toujours plus de contenu superficiel, rapide et gratifiant. Cependant, cet effet de récompense à court terme peut également entraîner une **dépendance**, à mesure que les utilisateurs recherchent toujours plus de stimulation, de distraction ou de validation.

Or, cette quête constante de stimulation instantanée, sans profondeur ni réflexion, finit par créer un **déséquilibre dans le cerveau**. Une fois que la dopamine est libérée, elle entraîne un sentiment de plaisir temporaire, mais ce plaisir ne dure pas, et l'utilisateur ressent rapidement le besoin d'en chercher davantage. Cela crée un **vide intérieur** difficile à combler par des activités ou des interactions sociales réelles. Les individus s'éloignent alors de la satisfaction durable qu'offrent des engagements plus profonds, comme des conversations enrichissantes, la contemplation ou la création artistique, pour se tourner vers des solutions plus immédiates mais finalement moins satisfaisantes.

Cette recherche constante de gratification rapide dans un monde saturé de contenus vides peut progressivement conduire à des symptômes de **dépendance** et à un **désintérêt pour les interactions authentiques**, augmentant le risque de **dépression** et **d'anxiété**.

Le phénomène de l'isolement social numérique

L'un des effets les plus néfastes des contenus vides sur la santé mentale est la façon dont ils peuvent favoriser l'**isolement social**, en particulier chez les jeunes générations. Bien que les réseaux sociaux soient souvent présentés comme des espaces de **connexion**, ils ne sont pas exempts de conséquences psychologiques négatives, notamment lorsqu'ils sont utilisés comme des substituts aux interactions humaines authentiques. Les individus se retrouvent parfois **englués** dans un univers numérique superficiel, où la validation se mesure par des chiffres (likes, abonnés, commentaires), plutôt que par des interactions réelles et significatives.

Les jeunes, particulièrement vulnérables à cette dynamique, sont souvent exposés à des contenus qui font la promotion d'une image idéale et irréaliste de la vie, du corps et de la réussite personnelle. Les **influenceurs**, par exemple, montrent une version de leur vie où tout semble parfait et sans effort, tandis que des contenus de beauté, de richesse ou de succès personnel sont constamment mis en avant. Cette exposition constante à des **idéaux inaccessibles** peut générer une immense **frustration** et un **sentiment d'inadéquation**, notamment lorsque la réalité personnelle ne correspond pas à ces standards.

L'isolement social induit par cette quête d'une **image numérique parfaite** peut également entraîner un **désengagement émotionnel** et un sentiment de **solitude**, même au sein d'un réseau de milliers de connexions virtuelles. Au lieu de se sentir soutenus, compris et connectés à leurs pairs, les individus se retrouvent souvent à se comparer à des modèles irréels, créant une **perception déformée de la réalité** qui peut mener à des troubles psychologiques tels que **la dépression**.

La surcharge d'informations et l'anxiété

Un autre effet dévastateur des contenus vides est la **surcharge d'informations**, un phénomène qui peut déclencher ou exacerber des symptômes d'**anxiété**. À une époque où tout est disponible en quelques clics, l'exposition à une **quantité massive de contenu** chaque jour peut être accablante. Les utilisateurs sont constamment bombardés par des informations parfois contradictoires, par des images qui se superposent les unes aux autres, et par des nouvelles qui changent constamment.

Cette saturation de l'esprit a des conséquences directes sur le niveau de **stress** et d'**anxiété**. Le cerveau humain n'est pas conçu pour traiter une telle quantité d'informations en temps réel, ce qui crée une forme de **fatigue cognitive**. Cette surcharge peut engendrer un **sentiment d'urgence**, un **besoin de tout savoir immédiatement**, et une incapacité à se concentrer sur l'essentiel. La conséquence directe de cette agitation constante est une **augmentation des niveaux de stress**, de **problèmes de sommeil** et d'une **vigilance constante** face à l'information, qui finit par devenir source de **troubles anxieux**.

Plus encore, cette surcharge est souvent alimentée par des contenus sensationnalistes ou des **tragédies médiatiques** qui inondent les réseaux sociaux. Les utilisateurs sont continuellement confrontés à des informations sur des crises politiques, des conflits internationaux, des catastrophes naturelles ou des scandales de célébrités, créant un climat constant de **menace** et d'**incertitude**. Ces stimuli externes, qui ne font qu'amplifier le sentiment d'impuissance ou d'anxiété, prennent peu à peu le pas sur les préoccupations quotidiennes et bien réelles des individus, exacerbant des problèmes mentaux préexistants.

La comparaison sociale et ses effets dévastateurs

Les contenus vides ont également un rôle important à jouer dans **l'augmentation de la comparaison sociale** et de ses effets délétères sur la santé mentale. Les plateformes numériques, particulièrement celles qui sont axées sur le visuel comme **Instagram** et **Snapchat**, valorisent de plus en plus des images parfaites de la vie quotidienne, souvent manipulées pour paraître meilleures qu'elles ne le sont en réalité. Les utilisateurs, qu'ils soient conscients ou non de cette manipulation, commencent à se comparer sans cesse aux images qu'ils voient à l'écran. Cette **comparaison constante** peut mener à un sentiment de **mauvaise estime de soi**, en particulier si l'on considère que ces contenus sont souvent des versions filtrées et idéalisées de la réalité.

Les jeunes sont particulièrement vulnérables à cette forme de comparaison sociale, qui peut mener à des troubles de l'image corporelle, à des **sentiments de dévalorisation** et, au final, à une **augmentation du risque de dépression**. Les chercheurs ont même trouvé des liens directs entre l'**exposition excessive aux réseaux sociaux** et une **augmentation de la prévalence de l'anxiété** et de la **dépression** chez les adolescents. Cette dynamique est exacerbée par le fait que les contenus vides, qui prônent l'apparence et la popularité avant tout, laissent peu de place à la valorisation des **capacités internes**, du **développement personnel** ou de la **réflexion critique**.

Conclusion : la nécessité d'une consommation consciente et équilibrée

Les contenus vides, omniprésents dans notre quotidien numérique, ont des répercussions profondes sur notre bien-être psychologique, exacerbant les symptômes de **dépression** et d'**anxiété**. En favorisant la gratification instantanée, l'isolement social, la surcharge d'informations et la comparaison incessante, ces contenus participent à un environnement numérique où les individus se retrouvent de plus en plus déconnectés de leur propre réalité et de leurs émotions authentiques. Pour lutter contre ces effets négatifs, il devient crucial de repenser notre manière de consommer les informations, en privilégiant des contenus plus **authentiques**, plus **profonds**, et en offrant aux individus des outils pour **détacher leur valeur personnelle** de l'image numérique qu'ils projettent.

La fatigue numérique et la perte de sens

L'avènement de l'ère numérique a radicalement transformé notre quotidien, notamment en augmentant la quantité et la vitesse des informations auxquelles nous sommes exposés. Si cette révolution technologique a indéniablement facilité l'accès à l'information et la communication, elle a également engendré de nouvelles problématiques, dont la plus marquante est sans doute la **fatigue numérique**. Ce phénomène désigne la surcharge cognitive et émotionnelle liée à une consommation excessive des technologies numériques, des réseaux sociaux, des mails, des notifications constantes et des flux d'informations ininterrompus. Mais au-delà de la simple épuisement mental, la fatigue numérique entraîne également une **perte de sens** dans nos interactions et nos vies quotidiennes, une sensation que nous évoluons dans un monde saturé d'informations, mais de plus en plus déconnecté de l'essentiel.

La surcharge cognitive numérique

Au cœur de la fatigue numérique se trouve la **surcharge cognitive**, un phénomène qui survient lorsque notre cerveau est constamment sollicité par des informations nouvelles, des alertes et des distractions provenant de multiples sources numériques. Chaque jour, nous sommes inondés par une quantité d'informations colossale provenant de **réseaux sociaux**, **médias en ligne**, **emails** et autres notifications. Ces informations, souvent fragmentées, contradictoires ou superficielles, nous demandent de traiter constamment de nouvelles données sans temps de réflexion véritable.

Une étude menée par le **Pew Research Center** montre que les adultes passent désormais plus de temps sur les écrans que dans toute autre activité quotidienne, et ce temps d'écran est de plus en plus occupé par des tâches demandant une attention fragmentée. Ce phénomène crée une forme de **fatigue mentale** qui se manifeste par des difficultés de concentration, une sensation de lassitude mentale et une incapacité à se focaliser sur des tâches plus profondes ou significatives. En fait, cette surcharge constante d'informations entraîne une **érosion de notre capacité d'attention**, essentielle pour des activités exigeantes intellectuellement, comme la lecture ou la réflexion créative.

À force d'être exposé à des flux incessants de données, nous en venons à accepter cette agression cognitive comme une normalité, jusqu'à ce qu'elle devienne difficile à ignorer. Cette **perte de contrôle** sur notre propre attention engendre un état de **fatigue chronique**, où le cerveau, en mode « veille », n'a pas le temps de se régénérer ni de trouver un véritable équilibre entre activité et repos. Cette surcharge informationnelle finit par affecter notre bien-être psychologique, entraînant une forme de **déconnexion émotionnelle** et une perte de sens dans nos actions quotidiennes.

Les réseaux sociaux : une déconnexion émotionnelle à la source de la fatigue numérique

L'un des principaux responsables de la fatigue numérique est l'omniprésence des **réseaux sociaux**. Ces plateformes, conçues pour capter l'attention des utilisateurs, génèrent une **explosion de notifications** et d'alertes qui sollicitent constamment notre attention. Chaque mise à jour, chaque like, chaque commentaire devient une opportunité de **sensation immédiate**, un **renforcement positif** qui stimule le système de récompense du cerveau. Cependant, cette stimulation incessante crée un état de tension mentale, d'agitation, et, à long terme, une profonde

fatigue émotionnelle.

Les réseaux sociaux, loin d'être de simples outils de communication, sont devenus des espaces où la vie quotidienne se joue en temps réel, avec des moments de « lissage » et de construction d'**identités idéalisées**. Si cette représentation sélective de soi sur Internet permet une forme d'expression, elle engendre également une **pression constante**. Pour de nombreuses personnes, surtout les jeunes, l'obsession de maintenir une image publique parfaite se traduit par un **stress émotionnel constant**. Cela peut mener à un phénomène de **burn-out numérique**, où la fatigue mentale et émotionnelle devient si forte qu'elle affecte la capacité à se connecter avec la réalité et à s'engager dans des interactions sociales authentiques.

Paradoxalement, cette surcharge informationnelle, au lieu de renforcer les liens sociaux, les affaiblit, car elle épuise la capacité des individus à se concentrer sur des conversations plus profondes et authentiques. De plus, la comparaison sociale, exacerbée par les plateformes numériques, crée un sentiment de **mauvaise estime de soi** et de **dévalorisation**, renforçant le sentiment de déconnexion émotionnelle et accentuant la fatigue mentale.

L'illusion de la connexion et la perte de sens

Dans une société où la **connectivité** numérique est omniprésente, nous pouvons paradoxalement nous sentir de plus en plus isolés. L'idée que nous sommes constamment « connectés » à nos amis, à nos proches, à notre communauté via les **réseaux sociaux** ne se traduit pas nécessairement par des **relations authentiques**. Au contraire, cette « connexion » se fait souvent au détriment de moments de **qualité** passés en personne, de conversations profondes ou d'échanges plus personnels.

Les **informations superficielles** et les **échanges numériques rapides** ne permettent pas d'approfondir une relation. L'**instantanéité**, propre aux technologies numériques, devient un piège : la recherche d'informations rapides ou de plaisirs instantanés empêche toute forme de réflexion ou de **contemplation**. Le temps dédié à la réflexion personnelle, à l'introspection, et à la **construction du sens** devient une denrée rare. Au lieu de nourrir une **intelligence émotionnelle** ou d'approfondir des discussions philosophiques ou personnelles, nous nous retrouvons souvent engloutis par des discussions triviales, des débats superfétatoires, et des informations dont la valeur réelle est discutable.

Ce manque de profondeur dans nos interactions numériques conduit à une **perte de sens**. Nous avons accès à un océan d'informations, mais souvent, ces informations ne nous permettent pas de mieux comprendre le monde ou de nous élever spirituellement ou intellectuellement. En fait, plus nous nous immergeons dans ce flot incessant, moins nous avons de repères clairs sur ce qui est réellement important ou significatif pour nous. Cette perte de repères crée une **forme de vide existentiel**, une sensation de **naufrage** dans l'immensité numérique.

Les conséquences sur la santé mentale : la dépression et l'anxiété

Les effets cumulés de la fatigue numérique et de la perte de sens ont des conséquences directes sur la santé mentale. Les individus peuvent éprouver un sentiment de **dépression**, un manque d'énergie et de motivation, ainsi qu'un **désengagement émotionnel** qui les empêche de trouver un véritable équilibre dans leur vie personnelle et professionnelle. La sensation d'être constamment sollicité, d'être toujours en train de répondre à des notifications, de consulter des emails ou des fils d'actualités, peut devenir écrasante et engendrer un **état d'anxiété généralisée**.

L'absence de moments de calme ou de déconnexion entraîne un **stress constant**, et le manque de temps pour réfléchir, méditer ou simplement être présent dans l'instant entraîne une **perte de contrôle** sur ses émotions et son environnement. Cette absence de moments dédiés à la réflexion intérieure empêche également de trouver un sens à ce que l'on vit et à ce que l'on fait.

De plus, la surcharge d'informations peut mener à une **surexposition aux mauvaises nouvelles**, aux **tragédies médiatiques** ou aux **crises sociétales**, ce qui contribue à augmenter le sentiment de **peur**, d'**incertitude** et de **désespoir**, facteurs principaux de l'anxiété. Le cerveau, constamment sollicité par des nouvelles négatives ou des alertes, finit par devenir hypervigilant, entraînant une **fatigue psychologique** intense.

Conclusion : repenser notre relation à la technologie

Face à la fatigue numérique et à la perte de sens, il devient essentiel de repenser notre manière de consommer les informations et d'interagir avec les technologies. Cela implique de rétablir un **équilibre entre la connexion numérique** et le **temps pour soi**, entre l'immédiateté des réseaux sociaux et la profondeur des relations réelles. Il est crucial de retrouver un espace pour **l'introspection**, la **création** et les **interactions humaines authentiques**, afin de contrer les effets délétères de la fatigue numérique. Enfin, cela exige un effort collectif pour créer des **environnements numériques** qui nourrissent plutôt qu'ils n'épuisent, en valorisant la **qualité** de l'information et des interactions, et non seulement leur quantité.

CHAPITRE 9 : UNE SOCIÉTÉ DÉSENSIBILISÉE ?

La banalisation de sujets graves via la culture du buzz

Dans l'univers numérique d'aujourd'hui, où l'attention est devenue une denrée rare et précieuse, la **culture du buzz** est omniprésente. Sur les réseaux sociaux, dans les médias traditionnels, et sur les plateformes de streaming, la quête de l'attention et de la viralité occupe une place centrale. Cela a conduit à une **banalisation** progressive de sujets graves, tels que des questions sociales, politiques ou environnementales, qui sont souvent réduits à des éléments spectaculaires, simplifiés ou caricaturés pour attirer l'attention. Ce phénomène est particulièrement dangereux, car il fait perdre de vue la **gravité** des enjeux tout en diluant leur impact réel sur la société. Comment la culture du buzz, qui valorise le sensationnel et l'immédiateté, est-elle devenue un terrain de banalisation pour des sujets qui devraient pourtant provoquer réflexion et action ?

La quête de la viralité : l'impact sur la perception des sujets graves

Dans le monde numérique, la **viralisation** est l'objectif ultime de nombreuses publications, qu'il s'agisse de vidéos, de titres d'articles ou de tweets. La viralité ne dépend pas de la qualité de l'information, mais plutôt de sa capacité à capter l'attention, à créer une émotion immédiate ou à susciter une réaction instantanée. **Le buzz**, caractérisé par sa rapidité, son caractère éphémère et son fort potentiel de diffusion, a ainsi pris le dessus sur une approche plus réfléchie et nuancée de l'information.

Lorsque des sujets graves comme les **inégalités sociales**, les **problèmes environnementaux** ou des **tragédies humaines** sont traités selon les règles de la culture du buzz, ils sont souvent réduits à de **simples accroches** ou à des **contenus sensationnalistes** qui ne reflètent ni la complexité ni la profondeur des enjeux. Par exemple, une crise politique peut être présentée sous forme de **mèmes** humoristiques ou d'images frappantes, une catastrophe naturelle peut être accompagnée de hashtags tendances plutôt que d'un appel à l'action, et un problème social majeur peut être réduit à une **affiche choc** ou un

slogan provocateur.

Cette approche a pour effet de minimiser l'importance du sujet traité, d'encourager une **consommation rapide et superficielle de l'information**, et d'empêcher les individus de développer une compréhension plus complexe des enjeux en question. Ainsi, les sujets graves deviennent des **moyens d'attirer l'attention**, mais perdent leur capacité à **engager un véritable dialogue** ou à inciter à une réflexion profonde. La culture du buzz transforme ainsi des événements majeurs en **spectacles passagers**, consumés en quelques secondes et oubliés aussi rapidement qu'ils sont apparus.

L'effet de la banalisation sur l'empathie collective

L'un des effets les plus inquiétants de la banalisation des sujets graves à travers la culture du buzz est la **diminution de l'empathie collective**. Lorsque des événements dramatiques ou des sujets de société sérieux sont réduits à des contenus viraux ou à des messages simplifiés, l'effet d'impact émotionnel est souvent amoindri. Une crise humanitaire, par exemple, peut être représentée par un **mème tragique**, un **gif choquant** ou une image sensationnaliste, qui détourne l'attention du véritable problème pour se concentrer sur le caractère visuel ou dramatique de la situation.

Dans un tel contexte, l'empathie collective, qui repose sur la capacité de comprendre et de ressentir la souffrance des autres, est largement distordue. Au lieu de susciter une **réflexion collective**, l'attention est attirée par l'aspect sensationnaliste, ce qui réduit la possibilité d'une réponse humanitaire ou sociale adéquate. La consommation rapide de ces sujets graves, souvent accompagnée d'une dimension humoristique ou décontextualisée, empêche les individus de se connecter profondément aux enjeux ou de les percevoir comme des problèmes urgents nécessitant des actions concrètes.

Cela mène à une forme d'**indifférence collective**, où la souffrance ou la crise est perçue comme une forme de spectacle ou d'événement, mais non comme une réalité nécessitant des efforts solidaires et humains. Au lieu de nourrir une **compréhension**

globale de la complexité des événements, cette culture du buzz divise, simplifie et abaisse la portée de ces sujets dans l'imaginaire collectif.

Des causes sous-jacentes ignorées : l'effet des titres clickbait

Une autre caractéristique clé de la culture du buzz est l'utilisation de **titres clickbait** (attrape-clics), ces accroches conçues pour maximiser le nombre de clics et d'interactions en jouant sur la curiosité ou l'émotion. Ces titres sont souvent exagérés, sensationnalistes et dénués de contexte. Par exemple, un titre comme « L'effondrement de la biodiversité : la fin du monde est proche » ne donne pas de détails sur les causes profondes de l'effondrement écologique ni sur les actions possibles pour y remédier, mais attire l'attention en utilisant des mots forts et inquiétants.

Ce type de **manipulation de l'information** est particulièrement insidieux car il **masque les véritables causes** et les **solutions potentielles** au problème. Au lieu d'informer, ces titres créent des **réactions émotionnelles** immédiates qui ne laissent pas place à la réflexion critique ni à l'analyse des enjeux sous-jacents. Par exemple, une crise migratoire peut être réduite à un simple titre qui exploite la peur ou le sentiment de menace, sans jamais traiter des **raisons profondes** de la migration ou des **conséquences humaines**. La culture du buzz transforme ainsi des problématiques complexes en **drames simplifiés**, empêchant toute forme de dialogue réel.

Les réseaux sociaux : un terrain fertile pour la banalisation

Les **réseaux sociaux**, tels qu'**Instagram**, **Twitter** ou **TikTok**, sont des terrains privilégiés pour la propagation de la culture du buzz, car ces plateformes sont structurées autour de **contenus courts**, souvent visuels, qui doivent capter l'attention dans un laps de temps très réduit. Sur ces plateformes, un sujet grave ou une actualité importante peut être rapidement transformé en **tendance**, où des vidéos ou des messages sont partagés massivement mais sans contexte.

La dynamique des **hashtags** ou des **challenges viraux**, souvent utilisés pour amplifier certains sujets, peut rapidement transformer des **sujets de société importants** en **événements éphémères**, consommés sans réflexion ni engagement durable. Par exemple, une crise sanitaire mondiale peut se retrouver transformée en sujet de **mème**, ou une campagne de sensibilisation sur un problème social peut devenir une série de **publications à la mode** sans qu'il n'en découle de véritables changements dans la conscience collective ou dans les actions entreprises.

Dans cet environnement, la frontière entre un sujet sérieux et un phénomène de mode devient floue. Des sujets qui devraient être traités avec la plus grande gravité se retrouvent réduits à un **passage rapide** dans le flux d'actualités, puis oubliés dans les minutes qui suivent. Le temps limité pour **réfléchir** et **agir** sur ces sujets est de plus en plus court, ce qui renforce la **banalisation** et l'**absorption superficielle** des informations graves.

Les dangers de la banalisation pour l'action collective

L'un des effets les plus problématiques de la banalisation des sujets graves est la réduction de l'engagement collectif envers ces causes. Lorsqu'un problème est traité de manière sensationnaliste et réduit à un **buzz**, l'appel à l'action devient moins urgent et moins significatif. Les individus, au lieu de s'engager activement pour **changer** les choses ou de participer à des **initiatives de solidarité**, sont souvent plongés dans un état de **désengagement** ou de **désillusion**. La surconsommation de contenus vides et sensationnels entraîne une **fatigue cognitive** et une **saturation émotionnelle**, où les individus, incapables de traiter et de comprendre pleinement les enjeux, préfèrent détourner leur regard ou **passer à autre chose**.

Les conséquences à long terme de cette banalisation sont graves : la capacité de la société à **répondre efficacement** à des crises devient compromise, et les enjeux majeurs sont souvent relégués au second plan, remplacés par des préoccupations superficielles. Ainsi, loin de favoriser une prise de conscience collective, la culture du buzz étouffe la possibilité d'un véritable **changement social** ou **politique**.

Conclusion : rétablir la gravité des sujets

Face à la banalisation des sujets graves via la culture du buzz, il est essentiel de retrouver des **moyens de communiquer et de consommer l'information** de manière plus responsable et réfléchie. Cela nécessite une **réflexion collective** sur la manière dont nous abordons et traitons les problèmes graves, ainsi qu'un retour à des formes d'information qui privilégient la **profondeur**, la **compréhension** et l'**action concrète**. Pour contrer cette banalisation, les individus et les médias doivent redonner de la **gravité** et du **sens** aux sujets qui en ont besoin, en les traitant avec respect, contexte et complexité. La culture du buzz peut capturer l'attention pendant un instant, mais elle ne doit pas devenir la norme pour comprendre ou résoudre les problèmes complexes auxquels nous faisons face.

La difficulté croissante de discerner le vrai du faux

À l'ère numérique, la distinction entre ce qui est vrai et ce qui est faux devient de plus en plus floue, notamment avec la multiplication des sources d'information et l'essor des **réseaux sociaux**. Là où les médias traditionnels se sont historiquement chargés de la vérification de l'information, aujourd'hui, une quantité **massive** de contenus non vérifiés et souvent erronés circulent en ligne, rendant la **démarche critique** et le discernement de la vérité plus complexes que jamais. Ce phénomène soulève des questions fondamentales sur l'**intégrité** de l'information, la **manipulation** des masses et l'érosion de la confiance dans les sources légitimes.

La prolifération de l'information : un paradoxe de la société numérique

Le XXIe siècle est marqué par une explosion sans précédent de l'information. Chaque minute, des millions de nouvelles **données** sont créées, partagées et distribuées via des **plateformes numériques** : réseaux sociaux, blogs, vidéos en ligne, forums, podcasts, etc. En théorie, cela pourrait être perçu comme une avancée démocratique, donnant à chacun la possibilité de s'exprimer, d'accéder à une pluralité de points de vue et de participer à la construction du savoir. Mais ce flot incessant d'informations a créé un **paradoxe** : au lieu d'enrichir notre compréhension du monde, il rend le discernement plus difficile, voire impossible.

L'**infobésité** - terme utilisé pour décrire la surcharge d'informations - est désormais un défi quotidien. **Les internautes** sont confrontés à une **mer d'informations** et doivent constamment trier ce qui est **fiable** de ce qui ne l'est pas. Cette situation est d'autant plus problématique quand on considère que la **vitesse de circulation** de l'information sur les réseaux sociaux favorise le **clash immédiat** et la **réaction impulsive**, souvent sans qu'il y ait eu le temps de vérifier la véracité de l'information.

Les mécanismes de désinformation : la manipulation délibérée

Dans ce contexte de surcharge d'information, la désinformation - qu'elle soit **volontaire** ou **non intentionnelle** - devient une menace omniprésente. **Des sources malveillantes**, qu'il s'agisse d'individus, de groupes ou de gouvernements, peuvent diffuser des informations délibérément fausses ou **manipulées** pour influencer l'opinion publique. Les réseaux sociaux offrent un terrain particulièrement fertile pour ces pratiques. Des **faux profils** (bots, trolls) sont utilisés pour amplifier un message, et des **algorithmes** créent des **bulles de filtre**, où les utilisateurs sont exposés principalement à des contenus qui confirment leurs croyances, sans jamais être confrontés à des points de vue opposés.

La **prolifération de fausses informations** est accélérée par l'utilisation de **médias visuels**, tels que des vidéos, des images retouchées, ou des **deepfakes** (vidéos truquées où des visages ou des voix sont substitués). Ces technologies rendent de plus en plus difficile la **distinction entre le réel et le faux**, car une vidéo ou une photo peut désormais être manipulée de manière quasi indétectable. Par exemple, des vidéos montrant des événements politiques ou sociaux peuvent être **contextualisées de manière trompeuse** ou **coupées** pour altérer leur signification. Dans de tels cas, il devient pratiquement impossible de discerner la vérité sans un effort rigoureux de vérification.

Les algorithmes et la propagation de l'information erronée

Les algorithmes des plateformes numériques jouent également un rôle central dans la diffusion de l'information. Ces **algorithmes**, qui régissent la manière dont les contenus sont proposés aux utilisateurs, ont été conçus pour maximiser l'**engagement** - en donnant la priorité aux publications qui génèrent un grand nombre de **clics**, de **commentaires** ou de **partages**. Or, il s'avère que les contenus les plus sensationnels, les plus polarisants ou même les plus faux sont également ceux qui génèrent le plus d'engagement.

Les fake news - informations volontairement fausses ou délibérément déformées pour manipuler l'opinion - sont d'ailleurs **plus susceptibles de devenir virales** sur les réseaux sociaux que les informations vérifiées. Cette viralité n'est pas seulement due à la nature **provocatrice** ou **émotionnelle** de ces contenus, mais également au fait que **les algorithmes favorisent** tout ce qui génère de l'attention, quel que soit son caractère factuel. Plus une information est partagée, commentée, ou likée, plus elle est visible, ce qui contribue à sa **propagation exponentielle**, qu'elle soit vraie ou fausse.

Dans ce système, les utilisateurs se retrouvent pris dans un **cercle vicieux**, où les informations les plus **graphiques** et **sensationalistes** sont privilégiées par les algorithmes, tandis que les contenus plus **réfléchis**, **nuancés** et **fondés** ont de moins en moins de chances d'être vus. Cette dynamique de **favorisation de l'instantanéité** sur la rigueur documentaire renforce la difficulté de discerner la **vérité** du **mensonge**.

Les conséquences de l'indifférenciation entre vérité et faux : perte de repères

La confusion grandissante entre **le vrai** et **le faux** engendre des conséquences profondes sur l'individu et sur la société dans son ensemble. Tout d'abord, elle **fragilise la confiance** dans les sources d'information, en particulier dans les institutions légitimes telles que les médias traditionnels, les gouvernements ou les experts. De plus en plus de citoyens deviennent **sceptiques** et **méfiants** face à ce qu'ils entendent ou voient, car il est de plus en plus difficile de savoir ce qui est véridique. Cela peut mener à une **polarisation** de l'opinion publique, où chaque camp croit fermement que ses sources d'information sont les seules fiables, en rejetant systématiquement celles des autres comme étant **mensongères**.

Dans un monde où les **opinions divergentes** deviennent de plus en plus polarisées, la capacité de dialogue et de **compromis** est menacée. Si chaque individu vit dans sa propre « réalité », où la vérité est façonnée par ses préférences et ses croyances personnelles, le **débat public** et la **recherche de solutions communes** deviennent extrêmement difficiles. Le phénomène de **post-vérité**, où les émotions et les croyances personnelles priment sur les faits objectifs, devient une norme de plus en plus courante. **L'individu** est ainsi pris dans un tourbillon d'informations contradictoires et changeantes, et finit par se replier sur des **récits personnels** plutôt que sur des vérités collectives.

Le rôle de l'éducation et de la pensée critique

Face à cette difficulté croissante de discerner le vrai du faux, une des réponses les plus importantes réside dans l'**éducation**. Les compétences en matière de **pensée critique** doivent être enseignées dès le plus jeune âge, pour aider les individus à **analyser** et à **questionner** les informations qu'ils rencontrent. Les compétences nécessaires pour distinguer la **vérité** de la **désinformation** incluent la **vérification des sources**, l'**analyse des biais** et des **motivations** derrière chaque message, ainsi que l'aptitude à chercher des **sources diversifiées** et **fiables**.

Dans ce contexte, la responsabilité ne repose pas uniquement sur les plateformes de diffusion de contenu, mais également sur les utilisateurs eux-mêmes, qui doivent être conscients de l'impact de leurs comportements en ligne. Une société bien informée est une société qui comprend les enjeux sous-jacents à l'information qu'elle consomme et qui est prête à remettre en question les récits simplifiés ou manipulés.

Conclusion : la quête de vérité dans un monde saturé d'informations

La difficulté croissante de discerner le vrai du faux n'est pas seulement une question d'accès à l'information, mais aussi une question de **responsabilité collective** dans l'ère numérique. Alors que l'information est plus accessible que jamais, il est nécessaire de faire preuve de vigilance, de **curiosité intellectuelle**, et de **rigueur** pour ne pas se laisser piéger par la facilité de la consommation rapide et superficielle des contenus. La vérité, comme valeur fondamentale de la société, doit être protégée et défendue, afin de préserver une **démocratie saine** et une société informée.

PARTIE IV : SOLUTIONS ET RÉSISTANCES

CHAPITRE 10 : REPRENDRE LE CONTRÔLE DE NOTRE ATTENTION

Techniques pour consommer les contenus de manière plus consciente

Dans un monde où la consommation de contenus numériques est omniprésente et où l'information se déverse en continu, la nécessité de développer une approche **consciente** et réfléchie de cette consommation est plus importante que jamais. Face à la surcharge d'informations et à la facilité de se laisser emporter par la rapidité et la facilité de l'accès, il devient essentiel d'adopter des techniques qui favorisent une consommation plus équilibrée, critique et alignée avec nos valeurs profondes. Consommer de manière plus consciente ne signifie pas nécessairement se désengager des réseaux sociaux ou de la télévision, mais plutôt **rester maître** de ses choix et de ses réactions face aux contenus qui nous sont proposés.

Voici un ensemble de techniques pratiques pour consommer les contenus numériques de manière plus réfléchie et plus bénéfique.

1. Définir des objectifs clairs pour votre consommation médiatique

L'une des premières étapes pour une consommation consciente est de se poser la question suivante : **pourquoi consommez-vous des contenus numériques ?** Cette question peut sembler triviale, mais elle est fondamentale. Souvent, la consommation de médias devient un acte réactif, où nous cliquons sur des liens ou défilons sans but précis. Or, si vous définissez des objectifs clairs et spécifiques, comme **apprendre une nouvelle compétence**, **suivre des actualités pertinentes**, ou **accéder à des informations divertissantes** mais enrichissantes, cela vous aidera à orienter votre attention de manière plus ciblée.

Par exemple, plutôt que de vous laisser happer par le **flux constant** de notifications et d'alertes, fixez-vous des moments dans la journée où vous consacrerez du temps à un **objectif précis** : suivre un podcast sur un sujet qui vous passionne, lire un article approfondi sur un sujet qui vous intéresse, ou regarder une vidéo éducative. Cela vous permettra de **structurer** votre consommation et d'éviter les pièges du zapping digital.

2. Pratiquer la pleine conscience (mindfulness) numérique

La pleine conscience, ou **mindfulness**, consiste à porter une attention totale et bienveillante au moment présent. Appliquée à la consommation numérique, cette approche vous aide à être **plus conscient** de vos choix de contenus et de l'impact de ces choix sur votre esprit et votre bien-être. Plutôt que de consommer les médias de manière automatique et passive, vous prenez un **moment pour évaluer** ce que vous êtes en train de faire. Posez-vous les questions suivantes avant d'ouvrir une application ou de cliquer sur un lien :

- **Est-ce que ce contenu correspond à mes objectifs ?**
- **Me fait-il me sentir bien ou est-ce qu'il me stresse ?**
- **Pourquoi ai-je envie de regarder ce contenu maintenant ? Est-ce pour échapper à quelque chose ?**

Pratiquer la pleine conscience numérique consiste également à être présent dans l'instant, sans se laisser distraire par plusieurs activités en même temps. Par exemple, ne pas regarder des vidéos sur YouTube tout en scannant les réseaux sociaux. L'idée est de vraiment s'impliquer et de **prendre le temps d'apprécier** le contenu sans le faire de manière **mécanique**.

3. Limiter l'exposition aux contenus superficiels et sensationnalistes

L'un des grands dangers des réseaux sociaux et des plateformes numériques est la prolifération de contenus **superficiels**, **sensationalistes** ou **manipulés**, qui attirent l'attention grâce à leur côté choquant ou émotionnel. Ce type de contenu est conçu pour provoquer des réactions instantanées, souvent sans fondement factuel ou intellectuel. Adopter une consommation consciente signifie faire un effort pour **limiter votre exposition** à ce genre de contenus. Cela ne veut pas dire qu'il faut éviter toute forme de divertissement, mais il s'agit plutôt de **réduire l'impact** de ce qui peut nuire à votre état mental et émotionnel.

Voici quelques stratégies pour y parvenir :

- **Désactiver les notifications** de certains réseaux sociaux ou d'applications, afin de ne pas être constamment sollicité par des contenus qui ne correspondent pas à vos besoins ou à vos intérêts.

- **Utiliser des filtres** ou des outils de blocage de contenu qui vous aident à éviter les sujets trop polarisants ou non constructifs.

- **Préférer les contenus long format** (articles, podcasts, documentaires) qui permettent d'explorer un sujet en profondeur plutôt que des contenus rapides et digestes qui ne font qu'effleurer les sujets sans réellement les aborder.

4. Prendre le temps de vérifier les informations

L'un des éléments cruciaux de la consommation consciente des contenus numériques est la **vérification des informations**. Avec la prolifération des **fake news**, il est plus important que jamais de ne pas simplement accepter tout ce que l'on voit ou entend en ligne. Avant de partager ou de croire un contenu, prenez quelques instants pour vérifier les faits en consultant des sources **fiables** et **diversifiées**. Si vous lisez un article, demandez-vous :

- Qui est l'auteur de cet article ? Quelle est sa crédibilité ?
- Quelles sont les sources citées ? Sont-elles fiables ?
- Y a-t-il des preuves à l'appui des affirmations ?
- Est-ce que d'autres sources corroborent cette information ?

Cette démarche critique fait partie de l'**éducation médiatique**, et plus vous développerez cette capacité, plus vous serez à même de naviguer avec discernement dans l'univers numérique. Cela contribue également à **renforcer la vérité** et à éviter la diffusion de contenus erronés ou dangereux.

5. Créer des habitudes de consommation régulières et non compulsives

La consommation excessive et compulsive des médias peut entraîner une **perte de contrôle** et un **épuisement mental**. Au lieu de céder à l'appel incessant des notifications et des vidéos en boucle, il est important de **planifier** des moments spécifiques dans la journée pour consommer des contenus. Cela permet de maintenir une **distanciation** et de ne pas se laisser happer par l'instantanéité des plateformes.

Voici quelques pratiques pour éviter la consommation compulsive :

- **Déléguer des moments précis** de la journée pour consulter vos réseaux sociaux ou regarder des vidéos, comme après le travail ou pendant les pauses.
- **Utiliser un minuteur** pour limiter le temps passé sur une plateforme. Par exemple, limitez-vous à 15-20 minutes pour naviguer sur Instagram ou regarder des vidéos sur YouTube.
- **Prendre des pauses régulières** de vos écrans en utilisant la règle du « 20-20-20 » : toutes les 20 minutes, faites une pause de 20 secondes en regardant quelque chose à 20 pieds de distance pour reposer vos yeux et votre esprit.

6. Consommer des contenus créatifs et enrichissants

Une technique essentielle pour consommer de manière plus consciente est de rechercher des **contenus positifs**, **créatifs** et **enrichissants** qui non seulement vous divertissent, mais qui vous apportent également une **valeur ajoutée**. Cela inclut :

- **Des podcasts ou vidéos éducatives** sur des sujets qui vous intéressent vraiment (sciences, histoire, philosophie, développement personnel).
- **La lecture de livres** ou d'articles en profondeur qui offrent une réflexion plus nuancée et plus complète sur un sujet donné.
- **La participation à des communautés en ligne positives** qui partagent des connaissances, des expériences ou des passions communes.

En privilégiant ce type de contenu, vous avez non seulement l'opportunité d'apprendre, mais vous pouvez également nourrir votre créativité et votre sens critique, tout en réduisant votre exposition à des contenus inutiles ou nuisibles.

7. Cultiver l'équilibre entre le numérique et le réel

Enfin, une des clés de la consommation consciente des contenus numériques est de maintenir un **équilibre sain** entre l'espace numérique et le monde réel. Passer du temps hors ligne, s'engager dans des activités de plein air, converser avec des proches, pratiquer des loisirs créatifs ou tout simplement faire une pause sans écran est essentiel pour préserver votre bien-être mental et émotionnel. Trop de temps passé sur les écrans peut entraîner une sensation de **fatigue numérique**, une **saturation** de l'esprit et un sentiment de **déconnexion** du monde réel. Le but est d'être présent à la fois dans le monde virtuel et dans la réalité, mais en **maîtrisant** ce que chaque espace vous apporte.

Conclusion : Consommer pour s'élever, non pour se perdre

En adoptant des techniques pour consommer les contenus de manière plus consciente, vous avez la possibilité de reprendre le **contrôle** sur votre expérience numérique. Plutôt que de devenir un simple récepteur passif d'informations superficielles, vous pouvez faire de chaque interaction un acte réfléchi, un choix délibéré de contenu qui enrichit vos connaissances, nourrit votre bien-être et vous aide à **grandir**. La consommation consciente vous permet non seulement de réduire le **stress numérique** et l'épuisement, mais aussi de renouer avec une forme d'information qui a du sens, qui vous ressemble et qui vous permet de **vivre mieux** dans un monde saturé de contenus.

Apprendre à privilégier la qualité sur la quantité

Dans un monde où l'abondance de contenus numériques est omniprésente, l'idée de **privilégier la qualité sur la quantité** devient essentielle. Les plateformes numériques, les réseaux sociaux, la télévision, et les sites internet sont inondés de nouvelles informations, vidéos, images et notifications à chaque instant. Ce flux constant d'informations peut créer un sentiment d'urgence et de surstimulation, mais il engendre également un danger : la **surconsommation**. Trop souvent, nous nous retrouvons à parcourir ce flot de contenus sans réfléchir à leur valeur ou à leur impact. Face à cette réalité, apprendre à choisir avec discernement ce que nous consommons devient indispensable. Plutôt que de nous précipiter à consommer tout ce qui nous est présenté, il s'agit d'adopter une approche réfléchie, où la **qualité** de ce que nous ingérons prime sur la **quantité**.

1. Comprendre la notion de qualité dans un monde saturé

Avant de pouvoir privilégier la qualité, il est essentiel de définir ce que cela signifie dans le contexte actuel. La **qualité** d'un contenu ne réside pas simplement dans son **intérêt personnel**, mais aussi dans sa capacité à offrir une **valeur durable**, à enrichir nos connaissances, à nourrir nos réflexions ou à améliorer notre bien-être. Par exemple, une vidéo de trois minutes qui nous fait rire peut nous divertir, mais ne nous apporte rien de profond sur le long terme. En revanche, une conférence de 30 minutes sur un sujet qui nous passionne peut susciter une réflexion plus poussée, même si le temps investi est plus important.

La **quantité**, quant à elle, se caractérise par une consommation frénétique et souvent superficielle des contenus. Dans le contexte des réseaux sociaux, la quantité peut être représentée par des **likes**, des **partages** et des **commentaires**, des actions qui nous poussent à consommer plus sans pour autant évaluer la valeur des contenus consommés. Apprendre à faire une distinction claire entre contenu de qualité et contenu superficiel est la première étape pour se défaire de l'illusion de l'abondance.

2. L'illusion de l'abondance : pourquoi nous succombons à la quantité

Les plateformes numériques sont conçues pour encourager la consommation continue, favorisant la **quantité** plutôt que la **qualité**. Les réseaux sociaux, par exemple, jouent sur des mécanismes psychologiques qui incitent à consommer sans fin : les notifications, les **algorithmes** de recommandation, les **feed** infinis, et la recherche constante de validation sociale (likes et commentaires). Ce système créé une **illusion de gratification instantanée**, qui, à court terme, nous pousse à consommer toujours plus de contenus. Pourtant, cette consommation compulsive peut laisser un sentiment de vide et de frustration, car la gratification est éphémère et souvent peu enrichissante.

De plus, la manière dont ces plateformes sont structurées – **par le nombre** – met l'accent sur la quantité de contenu plutôt que sur sa **profondeur** ou sa **richesse**. Nous avons tendance à chercher la satisfaction immédiate plutôt que de nous investir dans des contenus qui demandent plus d'attention, de réflexion ou de temps. Cependant, cette stratégie a un coût : plus nous nous concentrons sur la quantité, moins nous sommes capables d'apprécier la qualité des expériences numériques ou réelles.

3. Rechercher des contenus significatifs et enrichissants

Privilégier la **qualité** sur la **quantité** implique de chercher à **consommer des contenus qui apportent une véritable valeur ajoutée** à notre vie. Cela peut prendre plusieurs formes :

- **Apprendre de nouvelles compétences** : Choisir des contenus éducatifs ou formatifs qui nourrissent nos connaissances et nous aident à nous améliorer dans des domaines précis (cours en ligne, conférences, livres spécialisés).

- **Approfondir des passions** : Investir du temps dans des contenus qui approfondissent nos centres d'intérêt ou nous permettent de découvrir des facettes insoupçonnées d'un sujet.

- **Prendre soin de son bien-être mental** : Privilégier des contenus qui nous aident à réduire le stress, à nous détendre et à prendre soin de notre santé mentale, comme des podcasts de méditation, des vidéos de relaxation ou des articles sur le développement personnel.

- **Consommer de la culture** : Regarder des films, lire des livres, écouter des podcasts ou des morceaux de musique qui nous offrent non seulement du divertissement, mais aussi une réflexion, une critique ou une nouvelle perspective sur le monde.

En choisissant d'investir notre temps dans des contenus **significatifs**, nous opterons pour une **approfondissement de l'expérience** plutôt que pour la multiplication des sources superficielles. Ce type de consommation nous permet de mieux structurer nos pensées et de sortir du cercle vicieux de la consommation rapide et vide.

4. Réduire la consommation non essentielle

Il est facile de se perdre dans une **consommation excessive de contenus** qui ne nous apportent rien de substantiel. Le premier pas pour privilégier la qualité est de savoir dire non à la **consommation non essentielle**. Cela inclut :

- Se détacher des contenus **dispersés** et **brefs** qui ne font que flatter notre attention sans réellement nourrir nos esprits.

- Eviter les **contenus de distraction** qui sollicitent notre attention sans offrir de valeur durable. Cela pourrait inclure des vidéos ou des posts sur les réseaux sociaux qui ne font qu'attirer l'œil sans fournir de réflexion ou d'apprentissage.

- **Limiter le binge-watching** ou la consommation excessive de séries et de vidéos, qui, bien que divertissantes, n'ajoutent souvent rien à notre développement personnel ou à notre compréhension du monde.

Une approche plus réfléchie et moins impulsive nous permet de faire un choix plus éclairé sur ce que nous consommons et d'être plus à l'écoute de nos véritables besoins intellectuels, émotionnels et spirituels.

5. Prendre le temps d'apprécier chaque contenu

Plutôt que de dévorer une quantité infinie de contenus à la vitesse de la lumière, il est important d'apprendre à **savourer chaque contenu**. Prenez le temps de réellement vous **immerger** dans ce que vous consommez. Cela peut impliquer de :

- **Lire lentement** un livre, en prenant des notes ou en réfléchissant à ce que vous venez de lire, plutôt que de lire plusieurs articles rapidement sans vraiment les digérer.

- **Regarder des vidéos avec intention**, en vous concentrant sur un sujet précis et en vous donnant le temps de comprendre le message, de réfléchir aux idées proposées et d'en tirer des conclusions personnelles.

- **Écouter des podcasts ou de la musique de manière consciente**, en prenant le temps de vraiment entendre chaque mot, chaque nuance, sans être pressé par l'horloge ou par la nécessité de passer à autre chose.

Cette pratique permet de mieux **intégrer** les informations et d'éviter d'être constamment dans un mode de consommation rapide et superficialité. C'est aussi un excellent moyen de rester **engagé mentalement** dans ce que vous consommez et d'apprécier la valeur de chaque moment.

6. Créer un équilibre entre quantité et qualité

Tout en privilégiant la qualité, il est important de ne pas tomber dans l'excès inverse : celui de se couper complètement des contenus de consommation rapide, parfois simplement parce qu'ils sont légers ou divertissants. Le véritable objectif de privilégier la qualité sur la quantité est de créer un **équilibre** entre les deux. Cela implique de trouver un juste milieu :

- Accordez-vous des moments de **divertissement léger**, comme regarder une série ou défiler sur les réseaux sociaux, mais faites-le avec **modération** et dans une optique de détente plutôt que de surconsommation.

- Investissez dans des contenus de **haute qualité**, mais sans culpabilité de temps en temps lorsque vous cherchez à déconnecter.

Cet équilibre permet de nourrir à la fois votre **esprit** et vos **besoins de détente**, tout en évitant de sombrer dans l'excès de l'un ou de l'autre.

Conclusion : Le chemin vers une consommation plus réfléchie et enrichissante

Apprendre à privilégier la **qualité** sur la **quantité** nécessite un travail sur soi-même, une prise de conscience de ce que nous consommons et une volonté de mieux gérer notre attention. Ce processus n'est pas facile, surtout dans un environnement numérique conçu pour nous distraire constamment. Cependant, en choisissant de consommer de manière plus réfléchie, en cherchant des contenus qui apportent une valeur réelle et en prenant le temps de les apprécier, nous pouvons **retrouver un sens profond** dans ce que nous consommons. Cela nous permet non seulement de nous élever intellectuellement et émotionnellement, mais aussi de contribuer à un environnement numérique plus sain et plus enrichissant. En fin de compte, il ne s'agit pas de tout consommer, mais de consommer ce qui nous **épanouit** et nous **inspire**.

CHAPITRE 11 : PROMOUVOIR UNE CULTURE DU SENS

Encourager la production de contenus éducatifs et constructifs

Dans un monde numérique où l'accès à l'information est à la fois rapide et infini, il devient crucial de promouvoir une **production de contenus éducatifs et constructifs**. Alors que les réseaux sociaux et autres plateformes numériques sont souvent saturés de contenus légers, sensationnalistes, et parfois même déformés, il existe un véritable besoin de réorienter la création vers des ressources qui enrichissent les esprits, stimulent l'apprentissage et favorisent le développement personnel. L'enjeu ici est de redonner de la place à des contenus qui **éduquent**, qui **inspirent** et qui **apportent des connaissances solides**, tout en luttant contre la banalisation des sujets et l'abrutissement collectif induit par le contenu superficiel.

Encourager cette production passe par une prise de conscience collective, mais aussi par une démarche proactive des créateurs de contenu, des entreprises technologiques et des utilisateurs eux-mêmes. Pour mieux comprendre comment cette dynamique peut être instaurée, il est nécessaire de s'intéresser à plusieurs éléments-clés : la **responsabilité des producteurs de contenu**, la **demande d'un public éclairé**, la **place de l'éducation dans les médias numériques** et les **moyens concrets de faire émerger ces contenus**.

1. La responsabilité des créateurs de contenu

Les créateurs de contenu, qu'ils soient professionnels ou amateurs, jouent un rôle crucial dans la définition de la qualité de l'information qui circule sur internet. Leur responsabilité dépasse la simple production de contenus attractifs : elle inclut la capacité à **éduquer**, à **informer de manière rigoureuse** et à proposer des perspectives **diversifiées et profondes**. En effet, face à une audience de plus en plus captive et à une demande de contenus plus immédiats, il peut être tentant de se tourner vers des formats légers, souvent axés sur le divertissement rapide ou la gratification instantanée. Cependant, cette approche **court-termiste** a des conséquences profondes sur la société, car elle limite l'ouverture d'esprit et la réflexion critique.

Il devient donc essentiel que les créateurs de contenu prennent conscience de leur pouvoir et de leur influence. Plutôt que de céder à la pression des vues ou des abonnés, ils peuvent **choisir de produire des contenus qui éveillent les consciences**. Ces contenus peuvent prendre diverses formes : des vidéos pédagogiques sur des sujets scientifiques, des podcasts sur l'histoire et la culture, des articles d'opinion sur des enjeux de société, des séries de blogs qui expliquent des concepts complexes de manière accessible. Le défi consiste à **trouver un équilibre** entre l'attrait du grand public et la richesse du contenu, en évitant de simplifier à l'extrême les sujets au détriment de leur substance.

Les plateformes doivent aussi encourager une telle production en créant des systèmes de **reconnaissance** et de **valorisation** des contenus éducatifs. Des **algorithmes** qui privilégient la pertinence et l'utilité plutôt que l'émotion ou le buzz permettenttrait de rendre plus visible le travail de ceux qui choisissent de produire un contenu à fort impact éducatif.

2. La demande d'un public éclairé

Si la responsabilité des créateurs de contenu est fondamentale, il est également crucial de sensibiliser le public à l'importance de **consommer des contenus plus riches**. En effet, une grande partie des habitudes de consommation sont influencées par les préférences et les attentes des utilisateurs. De nombreuses personnes se laissent emporter par la **culture de la rapidité**, en recherchant des contenus légers, facilement consommables, souvent viraux, mais qui n'apportent ni réflexion ni véritable valeur ajoutée.

Il est donc nécessaire d'encourager une **prise de conscience collective** quant à l'importance de consommer des informations qui nous apportent réellement quelque chose sur le plan intellectuel ou émotionnel. Cela passe par des actions éducatives, des campagnes de sensibilisation, et l'incitation à **sélectionner des contenus plus réfléchis et structurés**.

Les individus doivent comprendre que la **consommation passive** des contenus peut avoir un impact négatif sur leur santé mentale et leur capacité à réfléchir de manière critique. En revanche, la consommation de contenus **éducatifs**, bien conçus et stimulants, peut non seulement enrichir leurs connaissances, mais aussi leur offrir une vision plus nuancée des événements et des problématiques qui façonnent le monde. Encourager un public éclairé et curieux, qui cherche à approfondir ses connaissances plutôt qu'à se limiter à la surface des choses, est donc crucial pour contrer la superficialité de la production actuelle.

3. La place de l'éducation dans les médias numériques

L'un des défis majeurs de notre époque est de redéfinir la **place de l'éducation dans les médias numériques**. Aujourd'hui, bien que de nombreuses plateformes offrent une grande variété de contenus éducatifs (cours en ligne, tutoriels, conférences, podcasts, etc.), elles restent dominées par des formats plus axés sur le **divertissement**. L'éducation, dans le sens traditionnel du terme, n'a pas toujours une place de choix dans ces espaces.

C'est pourtant là une opportunité d'apporter de véritables changements dans la manière dont les individus interagissent avec les médias. L'un des moyens de promouvoir la production de contenus éducatifs et constructifs est de **renforcer la place de l'éducation** dans les algorithmes de recommandation, dans les formats populaires et dans les stratégies des plateformes elles-mêmes. Par exemple, la **mise en avant** de contenus pédagogiques sur la même base que les contenus populaires ou viraux permettrait d'attirer un public plus large vers des ressources plus approfondies.

Les plateformes numériques peuvent également développer des **partenariats avec des institutions éducatives**, comme les universités, les écoles ou les organisations professionnelles, pour rendre accessible au plus grand nombre des contenus ayant une véritable valeur académique ou de formation.

4. Mieux rémunérer et soutenir les créateurs de contenus éducatifs

Pour encourager la production de contenus de qualité, il est nécessaire d'instaurer un **système économique** qui récompense justement les créateurs de contenus éducatifs et constructifs. Actuellement, les **influenceurs**, les producteurs de contenus sensationnalistes ou de divertissement rapide sont souvent mieux rémunérés que ceux qui choisissent de produire du contenu éducatif ou intellectuellement stimulant. Cela est dû en grande partie à la nature des plateformes et à la manière dont elles privilégient le **spectacle** au détriment du **contenu substantiel**.

Il devient donc primordial de mettre en place des **mécanismes de financement** et de **monétisation** adaptés pour ceux qui créent des contenus ayant un impact positif sur la société. Cela pourrait passer par des **abonnements payants**, des **sponsorisations** de marques éthiques, ou des **systèmes de soutien communautaire**, comme les **plateformes de financement participatif** (crowdfunding) pour les créateurs de contenu éducatif.

Ainsi, non seulement ces créateurs seraient récompensés pour leurs efforts, mais la **qualité** et l'impact social des contenus pourraient être largement amplifiés.

5. Comment faire émerger des contenus éducatifs et constructifs ?

Plusieurs actions peuvent être entreprises pour **faciliter la production** de contenus éducatifs et constructifs :

- **Encourager les collaborations interdisciplinaires** : De nombreux domaines (sciences, arts, technologies, philosophie, etc.) peuvent s'enrichir mutuellement grâce à des projets collaboratifs qui abordent des sujets sous divers angles.

- **Soutenir les initiatives locales et communautaires** : Les créateurs de contenu au niveau local ou communautaire sont souvent plus proches des préoccupations des citoyens et peuvent offrir des perspectives enrichissantes.

- **Rendre l'éducation accessible à tous** : Développer des

contenus éducatifs gratuits et de qualité à destination de publics plus jeunes, marginalisés ou éloignés des structures traditionnelles d'apprentissage.

- **Valoriser les ressources open-source** : Encourager les créateurs à partager leurs ressources et leurs connaissances avec une plus grande communauté en ligne, notamment par le biais de plateformes open-source.

Conclusion : Un avenir plus éclairé grâce à des contenus de qualité

Encourager la production de contenus éducatifs et constructifs est une démarche essentielle pour redonner à l'espace numérique son pouvoir de **transformation sociale**. Cela passe par une révision profonde des **priorités de consommation** ainsi que par un **engagement collectif** des créateurs de contenu, des plateformes et des utilisateurs pour valoriser la réflexion, l'apprentissage et la construction de savoirs significatifs. En fin de compte, la véritable richesse d'un monde numérique ne réside pas dans l'infinité de contenus consommables, mais dans la capacité de chacun à enrichir ses connaissances, à remettre en question les idées reçues et à avancer vers un avenir plus éclairé et plus conscient.

L'importance de soutenir les créateurs engagés et talentueux

Dans l'univers numérique actuel, où la concurrence pour capter l'attention est féroce et où l'infobésité règne, il devient essentiel de se concentrer sur la **soutien et la valorisation des créateurs engagés et talentueux**. Ces créateurs, qui privilégient l'authenticité, la qualité et l'impact positif de leurs travaux, sont souvent éclipsés par des contenus plus populaires mais moins profonds ou significatifs. Pourtant, leur contribution à la société, à la culture et à la réflexion collective est d'une grande importance, tant pour l'enrichissement des esprits que pour la préservation de la diversité des idées. Soutenir ces créateurs est une démarche fondamentale qui participe à un mouvement plus large : celui de **valoriser les contenus constructifs**, d'encourager la **création authentique** et de renforcer la capacité des individus à se nourrir de réflexions intelligentes et engageantes.

Le soutien aux créateurs talentueux et engagés peut prendre plusieurs formes : de l'assistance financière à la mise en lumière dans les algorithmes, en passant par une reconnaissance sociale et professionnelle. Il est essentiel de comprendre pourquoi cet investissement, souvent invisible mais d'une grande portée, est crucial non seulement pour les créateurs eux-mêmes, mais aussi pour la **société** dans son ensemble.

1. Préserver la diversité et la richesse des voix créatives

L'un des grands défis actuels est le **formatage** des voix créatives dans l'univers numérique. Les créateurs qui se distinguent par leur talent, leur originalité ou leur engagement prennent souvent des chemins moins fréquentés, loin des sentiers battus de la viralité et des tendances dominantes. Cependant, sans soutien, ces voix peuvent se retrouver noyées dans l'océan des contenus populaires qui n'ont pas forcément de profondeur ou de valeur ajoutée.

Lorsque nous **soutiennons** les créateurs engagés et talentueux, nous participons à **préserver la diversité des idées**, des perspectives et des approches créatives. Ces créateurs sont souvent porteurs de valeurs importantes : réflexion critique, remise en question des normes sociales, engagement pour des causes humanitaires ou environnementales, etc. Ils n'œuvrent pas seulement à leur propre succès, mais aussi à la construction d'un espace numérique plus riche, plus nuancé et plus complexe. Cela permet d'éviter une uniformisation des contenus, où la quête de popularité prime sur la richesse intellectuelle ou l'innovation artistique.

Les **créateurs engagés**, qu'ils soient écrivains, vidéastes, artistes, musiciens ou penseurs, jouent un rôle crucial dans la stimulation de la réflexion, la remise en question des normes et la création d'un **dialogue authentique** autour de sujets importants. Ces voix contribuent à l'**évolution des mentalités** et offrent des alternatives aux contenus formatés et à la culture de la superficialité. Lorsque nous les soutenons, nous faisons vivre la **diversité culturelle et intellectuelle**, un élément indispensable à l'évolution d'une société ouverte et démocratique.

2. Offrir un environnement propice à l'innovation et à la créativité

Le soutien aux créateurs talentueux ne se limite pas à leur reconnaissance sociale ; il passe également par la création d'un **environnement favorable** à leur développement. Dans un monde où les formats de contenus sont souvent standardisés et les algorithmes privilégient l'immédiateté et la viralité, les créateurs qui prennent le temps de proposer des travaux réfléchis ou artistiquement audacieux se trouvent souvent marginalisés. Ces créateurs, au lieu de simplement répondre aux attentes immédiates des utilisateurs, **prennent des risques créatifs**, réinventent des formats ou abordent des thèmes rarement explorés.

Pour que l'innovation puisse prospérer, il est nécessaire de créer un **écosystème favorable**. Cela inclut des **mécanismes de financement** adaptés (comme le crowdfunding, les bourses ou les partenariats), la **visibilité** dans les algorithmes des plateformes numériques et la **reconnaissance sociale**. Lorsque ces créateurs sont soutenus par un public fidèle et une communauté bienveillante, ils peuvent se concentrer sur leur art ou leur travail sans craindre les pressions de la rentabilité immédiate. Cela permet également aux créateurs de **prendre des risques artistiques** et intellectuels sans craindre l'échec ou la perte de visibilité. Ainsi, l'environnement devient propice à l'**innovation** et à la **création de contenus originaux** qui repoussent les limites de ce qui peut être proposé sur les plateformes numériques.

L'**innovation créative**, qu'elle soit technique, esthétique ou intellectuelle, dépend souvent du **soutien** accordé aux créateurs. Quand ces derniers sont libérés des contraintes financières et des contraintes de popularité, ils sont en mesure de se consacrer pleinement à leurs projets et de donner naissance à des contenus véritablement novateurs.

3. Créer un modèle économique durable pour les créateurs

L'un des obstacles majeurs auxquels font face les créateurs engagés et talentueux est la **difficulté de rentabiliser leur travail** dans un environnement numérique où la publicité et les partenariats commerciaux sont souvent réservés à ceux qui génèrent des vues massives. Les créateurs de qualité, même s'ils offrent des contenus de grande valeur, n'ont pas toujours accès aux mêmes opportunités de financement que ceux qui produisent des contenus plus populaires. La création d'un **modèle économique durable** pour ces créateurs est donc un aspect central du soutien à leur travail.

Ce modèle économique pourrait inclure plusieurs leviers :

- **Abonnements payants** : Les plateformes peuvent permettre aux créateurs d'offrir un accès privilégié à leurs contenus via des abonnements, garantissant ainsi une rémunération régulière sans dépendre des publicités.

- **Sponsoring éthique** : Les créateurs peuvent se lier avec des marques ou des partenaires qui partagent leurs valeurs, ce qui leur permet de trouver un équilibre financier tout en restant fidèles à leurs principes.

- **Crowdfunding** : Les plateformes de financement participatif permettent de soutenir directement les créateurs sans passer par des intermédiaires. Cette forme de soutien direct par les consommateurs permet de préserver l'autonomie et l'indépendance des créateurs.

Soutenir les créateurs engagés, c'est aussi leur offrir les **ressources nécessaires** pour continuer à produire des contenus de qualité sans se laisser submerger par les pressions économiques. Cela leur permet de se concentrer sur la création et non sur la recherche de rentabilité immédiate.

4. Renforcer l'impact social et culturel des créateurs

talentueux

Le soutien aux créateurs talentueux et engagés ne profite pas seulement à ces derniers : il profite également à la **société dans son ensemble**. Ces créateurs, par leurs œuvres, ont le pouvoir de **changer les mentalités**, de susciter des réflexions profondes et de remettre en question les normes établies. Lorsqu'ils sont soutenus, leur influence devient plus forte et leur message plus percutant.

Les créateurs engagés peuvent jouer un rôle clé dans des **lutter contre les injustices sociales**, **sensibiliser aux enjeux environnementaux** ou encore **éduquer les individus** à des sujets importants tels que la politique, les droits humains, la culture, ou la santé mentale. Leur travail peut **ouvrir des dialogues**, offrir des solutions créatives aux défis sociaux actuels et apporter des perspectives nouvelles à des débats qui en ont besoin. Par exemple, certains créateurs de contenu, qu'ils soient journalistes, artistes ou activistes, ont joué un rôle crucial dans la mise en lumière de problématiques comme le **changement climatique**, les **inégalités de genre**, ou encore la **santé mentale**. Leur travail peut ainsi être un **moteur de transformation sociale**.

En soutenant ces créateurs, nous renforçons leur capacité à **influencer positivement la culture collective**, à mettre en lumière des sujets souvent ignorés et à **offrir un contrepoids** aux contenus purement commerciaux ou sensationnalistes. Leur impact peut ainsi se répercuter sur une **évolution de la société**, où l'engagement intellectuel, artistique et social prime sur la recherche du profit immédiat.

Conclusion : Un investissement pour l'avenir

Soutenir les créateurs engagés et talentueux est une démarche essentielle pour nourrir un avenir culturellement riche et intellectuellement stimulant. Ces créateurs, en offrant des contenus de qualité, peuvent influencer les mentalités, nourrir des réflexions profondes et ouvrir des perspectives nouvelles. Les soutenir, c'est investir dans une culture numérique plus équilibrée, plus diverse et plus respectueuse des valeurs humaines.

Cela passe par une volonté collective de récompenser la créativité, l'authenticité et l'engagement, afin de garantir que les plateformes numériques deviennent des lieux où les idées et les talents puissent prospérer, loin des logiques de rentabilité immédiate.

CHAPITRE 12 : UN FUTUR POSSIBLE ?

Comment réinventer les réseaux sociaux pour servir un but sociétal

Les réseaux sociaux, qui occupent aujourd'hui une place centrale dans nos vies, sont souvent accusés de contribuer à la superficialité, à la polarisation des opinions, à la propagation de la désinformation, et à une course effrénée à la validation. Pourtant, ces plateformes ont aussi un potentiel immense : celui de **connecter les individus**, de **faire circuler des idées constructives**, et de **promouvoir des valeurs sociales positives**. La question qui se pose aujourd'hui est de savoir comment réinventer ces espaces numériques pour qu'ils servent des **buts sociétaux**. Pour ce faire, il est essentiel de repenser leur architecture, leur fonctionnement, et la manière dont les contenus y sont créés, partagés, et valorisés.

1. Repenser les algorithmes : du sensationnel à la profondeur

L'un des principaux problèmes des réseaux sociaux réside dans le rôle central des **algorithmes**, qui privilégient la **quantité** et l'**immediacité** au détriment de la **qualité** et de la **profondeur**. Les plateformes sont conçues pour capter et maintenir l'attention des utilisateurs, souvent en valorisant des contenus sensationnalistes ou émotionnellement provocateurs, au détriment de ceux qui favorisent la réflexion ou l'engagement sur des sujets importants.

Pour réinventer ces espaces numériques, il est crucial de modifier les mécanismes de **priorisation des contenus**. Au lieu de favoriser uniquement les contenus qui génèrent des réactions immédiates, telles que les likes, les partages ou les commentaires en masse, les algorithmes pourraient être ajustés pour **valoriser les contenus réfléchis, éducatifs, et constructifs**. Par exemple, des contenus qui suscitent des discussions de fond, qui abordent des problématiques sociétales, environnementales ou culturelles, pourraient être mis en avant, même s'ils génèrent moins de **buzz immédiat**.

Cela nécessiterait un changement fondamental dans les logiques de rentabilité des plateformes, qui reposent actuellement sur l'attention des utilisateurs. Cependant, une telle réinvention pourrait non seulement contribuer à enrichir l'expérience utilisateur, mais aussi inciter les créateurs à produire des contenus de **qualité** et non de **quantité**.

2. Favoriser l'engagement intellectuel plutôt que la superficialité

Les réseaux sociaux peuvent et doivent devenir des lieux propices à l'**échange d'idées** et à l'**apprentissage collectif**. Actuellement, une grande partie des échanges se réduit à des discussions superficielles ou à des commentaires de faible valeur. Pour réinventer ces plateformes, il serait essentiel de promouvoir des mécanismes qui encouragent l'engagement intellectuel et la **réflexion critique**.

Cela pourrait passer par l'introduction de **formats plus longs** et plus enrichissants : des **articles**, des **documentaires**, des **interviews** ou des **podcasts** qui encouragent des discussions approfondies sur des sujets sociétaux majeurs. Les créateurs de contenu pourraient ainsi être récompensés pour la qualité de leurs contributions, non seulement pour leur capacité à créer des contenus qui captivent l'attention, mais aussi pour leur potentiel à enrichir les débats publics et à nourrir la réflexion collective.

De plus, il est possible d'intégrer des **mécanismes de vérification des informations** et de **lutte contre la désinformation** dans l'architecture des plateformes. En valorisant les créateurs qui s'engagent activement dans ces domaines, et en permettant à des experts et chercheurs de contribuer à la diffusion d'informations fiables, les réseaux sociaux pourraient devenir des **espaces d'apprentissage** où les utilisateurs sont incités à réfléchir, remettre en question leurs croyances et approfondir leur compréhension du monde.

3. Renforcer la dimension collaborative des réseaux sociaux

Une autre voie pour réinventer les réseaux sociaux serait de leur donner une **dimension plus collaborative**. Actuellement, beaucoup de plateformes mettent l'accent sur des interactions individuelles ou compétitives, comme la quête de followers ou la course aux likes. Au lieu de cette logique de **mise en concurrence**, les réseaux sociaux pourraient encourager une approche plus **collaborative**, où la mise en valeur de contenus constructifs et la participation à des projets collectifs seraient récompensées.

Cela pourrait se traduire par des **initiatives collectives** visant à résoudre des problématiques sociales, environnementales ou économiques. Par exemple, des campagnes de solidarité autour d'une cause, des **collectes de fonds pour des projets d'intérêt public**, ou des **groupes de travail collaboratifs** pour créer des solutions aux grands défis de notre époque (comme la lutte contre le réchauffement climatique ou l'inégalité sociale) pourraient être largement soutenus par les plateformes. Cela offrirait aux utilisateurs un moyen de **s'engager activement dans le changement sociétal**, plutôt que de se contenter d'être des spectateurs passifs.

Les **communautés en ligne** pourraient ainsi jouer un rôle plus important dans la création d'un **impact social** et **sociétal**. En mettant l'accent sur les actions collectives, les réseaux sociaux pourraient devenir des outils de transformation sociale, facilitant des projets collaboratifs à large échelle et permettant à des millions de personnes de participer activement à des causes qui leur tiennent à cœur.

4. La responsabilisation des créateurs de contenu : une éthique de la création

Une des clés pour réinventer les réseaux sociaux réside dans la **responsabilisation des créateurs de contenu**. Actuellement, les créateurs de contenu sont souvent poussés à produire ce qui attire l'attention et génère des vues, indépendamment de la valeur réelle de ce qu'ils partagent. Les plateformes, par leur structure même, favorisent cette quête de **popularité** au détriment de la **responsabilité** sociale et éthique.

Il est essentiel de développer une **éthique de la création** qui encourage la production de contenus de **valeur sociale**, plutôt que de favoriser la recherche de la viralité. Cela pourrait passer par des **systèmes de notation ou de certification** qui valorisent les créateurs ayant une approche **constructive** de leurs audiences, ceux qui partagent des informations de qualité, qui offrent des perspectives originales et qui contribuent à des débats pertinents.

En récompensant la qualité de l'engagement plutôt que la quantité, on permettrait aux créateurs de se consacrer à des projets de **long terme** et à des travaux plus réfléchis, sans être constamment soumis à la pression du buzz.

Les plateformes pourraient aussi intégrer des **mesures incitatives** pour promouvoir les créateurs qui défendent des **valeurs éthiques** et qui utilisent leur influence pour **éduquer** ou **éveiller la conscience collective** sur des sujets cruciaux. Cela impliquerait une évolution du modèle économique, pour mieux valoriser l'impact social positif des créateurs, par exemple en leur permettant d'obtenir une rémunération équitable à partir de leur influence positive, plutôt que de se baser uniquement sur les critères de popularité immédiate.

5. Encourager un usage conscient et critique des réseaux sociaux

Enfin, pour réinventer les réseaux sociaux afin qu'ils servent un but sociétal, il est essentiel de promouvoir un **usage conscient et critique** de ces plateformes. Au lieu de consommer passivement les contenus, les utilisateurs pourraient être incités à **questionner** ce qu'ils voient, à **remettre en cause** certaines narratives, et à **s'engager activement** dans des discussions constructives.

Cela nécessiterait de fournir aux utilisateurs des outils pour **développer une pensée critique** et de favoriser des campagnes éducatives qui expliquent les effets des **algorithmes** sur notre perception de la réalité. En créant des **programmes de sensibilisation** au **fact-checking**, à la gestion de l'attention et à la **consommation éthique des contenus**, les plateformes pourraient jouer un rôle clé dans l'émancipation des utilisateurs, les incitant à **agir de manière plus responsable** et à participer activement à la transformation positive de la société.

Conclusion : Des réseaux sociaux au service du bien commun

Réinventer les réseaux sociaux pour qu'ils servent un but sociétal est un défi ambitieux, mais ô combien nécessaire. Cela implique une refonte en profondeur des algorithmes, un changement dans la manière dont les créateurs de contenu sont incités à produire, et une transformation du rôle des utilisateurs dans l'écosystème numérique. Si ces plateformes peuvent effectivement devenir des lieux d'échange constructif, d'engagement collectif et de valorisation de contenus de qualité, elles pourraient contribuer à un changement sociétal profond. En repensant leur fonction sociale, les réseaux sociaux pourraient enfin servir non pas les intérêts économiques à court terme, mais bien le bien commun, en enrichissant nos vies culturelles, sociales et intellectuelles.

Le rôle des individus, des institutions et des entreprises dans la réinvention des réseaux sociaux

La réinvention des réseaux sociaux pour qu'ils servent un but sociétal ne repose pas uniquement sur la responsabilité des plateformes elles-mêmes, mais implique également un engagement collectif de **tous les acteurs** de notre société : les **individus**, les **institutions** et les **entreprises**. Chacun de ces groupes a un rôle à jouer dans la transformation des espaces numériques, et leur collaboration est essentielle pour créer un environnement plus enrichissant et plus éthique. Si les réseaux sociaux sont devenus un reflet de la société moderne, leur réinvention nécessitera une **mobilisation collective**.

1. Le rôle des individus : Consommateurs responsables et créateurs conscients

Les individus, en tant qu'utilisateurs et créateurs de contenu, occupent une place centrale dans le processus de réinvention des réseaux sociaux. **L'attitude individuelle** face aux plateformes numériques joue un rôle crucial dans l'évolution de ces espaces. Il ne s'agit pas seulement de critiquer ou de se distancer des effets négatifs des réseaux sociaux, mais d'adopter une **consommation consciente** et **responsable** des contenus qui y circulent. Chaque utilisateur peut avoir un impact sur la direction que prend la culture numérique en choisissant de privilégier des contenus constructifs, enrichissants et diversifiés, et en rejetant les contenus superficiels ou mensongers.

- **Éducation à la consommation** : Les individus doivent

être sensibilisés aux mécanismes qui gouvernent les réseaux sociaux, notamment l'impact des **algorithmes**, la propagation de la **désinformation**, et l'importance de **l'esprit critique**. Une approche plus critique des contenus permettrait de ne pas céder à la tentation de la gratification immédiate et de mieux discerner les informations fiables des contenus vides.

- **Engagement actif et responsable** : Les utilisateurs peuvent choisir de s'engager activement sur des sujets qui les intéressent et qui ont une portée sociale ou environnementale. En participant à des discussions de fond, en soutenant des créateurs responsables ou en lançant des initiatives collaboratives, les individus deviennent des acteurs du changement dans les espaces numériques.

- **Créateurs de contenu responsables** : Les créateurs de contenu ont aussi un rôle primordial. Ils peuvent influencer des milliers, voire des millions de personnes. En créant des contenus de qualité, qui stimulent la réflexion, offrent des perspectives diversifiées, et encouragent l'engagement positif, ces individus deviennent des **modèles** à suivre. L'équilibre entre créativité et responsabilité sociale doit être au cœur de la démarche de chaque créateur.

2. Le rôle des institutions : Législation, éducation et régulation

Les **institutions** (gouvernements, organismes publics, éducatifs, etc.) jouent également un rôle déterminant dans la transformation des réseaux sociaux. Elles sont en mesure de mettre en place des **régulations** efficaces, de promouvoir des **programmes éducatifs** et de créer un cadre légal favorable à une **utilisation saine** des technologies numériques. Leur influence et leur autorité sont indispensables pour inciter à un changement structurel au niveau des plateformes et des pratiques des utilisateurs.

- **Régulation et législation** : Les gouvernements et les

régulateurs doivent travailler ensemble pour établir des **lois** qui encadrent l'usage des réseaux sociaux. Cela inclut la lutte contre la **désinformation**, la **protection de la vie privée** et la **protection des mineurs**. La régulation des **algorithmes** des réseaux sociaux, afin d'encourager la diversité des contenus et de limiter la propagation de la haine et de la violence, pourrait être un levier clé. Les institutions doivent aussi imposer des **sanctions** aux plateformes qui ne respectent pas les normes éthiques et sociales.

- **Éducation aux médias** : Les institutions éducatives ont un rôle fondamental à jouer dans la **formation des jeunes générations** à une consommation plus responsable des contenus numériques. L'enseignement des **compétences médiatiques**, telles que la vérification des faits, l'analyse critique des sources et la distinction entre information et manipulation, est indispensable pour préparer les citoyens de demain à une utilisation éthique et réfléchie des réseaux sociaux. De plus, elles doivent promouvoir des pratiques d'engagement numérique qui favorisent des discussions enrichissantes et respectueuses.

- **Soutien à l'innovation sociale** : Les institutions doivent également soutenir le développement de **nouveaux modèles de réseaux sociaux** qui priorisent le bien-être collectif, la créativité responsable et la durabilité. Des programmes publics de soutien aux initiatives innovantes dans le domaine des **technologies éthiques** et des **réseaux sociaux inclusifs** peuvent encourager la création de plateformes qui ne se basent pas uniquement sur le profit, mais aussi sur des **objectifs sociaux**.

3. Le rôle des entreprises : Responsabilité sociétale et modèles économiques éthiques

Les **entreprises**, notamment celles qui possèdent et dirigent les plateformes de réseaux sociaux, sont des acteurs incontournables dans ce processus de réinvention. Elles détiennent un pouvoir considérable sur la manière dont les informations circulent, sur les comportements des utilisateurs et sur l'impact des réseaux sociaux sur la société. Pour que la réinvention des réseaux sociaux soit réussie, ces entreprises doivent adopter des pratiques **éthiques**, alignées avec des **objectifs sociétaux**.

- **Éthique des plateformes** : Les entreprises doivent intégrer des principes éthiques au cœur de leur modèle économique. Cela passe par des pratiques transparentes, une gestion responsable des données personnelles des utilisateurs, et une priorité donnée à la **diversité des contenus** plutôt qu'à la **monétisation rapide**. Les plateformes doivent prendre conscience que leur rôle ne se limite pas à servir les intérêts financiers des actionnaires, mais qu'elles ont également une **responsabilité sociale** envers leurs utilisateurs et la société dans son ensemble.

- **Promotion de contenus de qualité** : Plutôt que de favoriser les contenus sensationnalistes, les entreprises pourraient repenser leurs algorithmes pour soutenir les créateurs de contenu de qualité et les initiatives qui promeuvent des **valeurs** et des **objectifs constructifs**. Elles pourraient également mettre en place des outils qui aident les utilisateurs à trouver des contenus enrichissants et éducatifs, au lieu de les enfermer dans des bulles de filtre qui ne font que renforcer leurs croyances existantes.

- **Modèles économiques responsables** : Les entreprises doivent revoir leurs modèles économiques pour ne pas dépendre uniquement de la publicité et de l'exploitation des données personnelles. Par exemple, elles pourraient promouvoir des **abonnements responsables** ou des **mécanismes de rémunération basés sur la valeur sociale**, plutôt que sur le volume d'attention généré par des contenus polémiques. En adoptant des modèles économiques plus éthiques, elles pourraient créer un environnement numérique plus sain et plus respectueux des utilisateurs.

- **Partenariats pour la transformation sociale** : Les entreprises peuvent aussi jouer un rôle clé en s'associant avec des **organisations non gouvernementales**, des **universités**, des **collectifs citoyens**, ou des **startups technologiques** pour développer des solutions innovantes qui répondent aux enjeux sociétaux liés à l'usage des réseaux sociaux. Par exemple, des partenariats visant à lutter contre la **désinformation**, à promouvoir des **initiatives communautaires**, ou à soutenir des **projets de bien-être social** peuvent être bénéfiques à la fois pour l'image des entreprises et pour l'amélioration de la société.

Conclusion : Une réinvention collective et multisectorielle

Réinventer les réseaux sociaux pour qu'ils servent un but sociétal est un projet ambitieux et multidimensionnel. Si les **individus**, les **institutions**, et les **entreprises** ont chacun un rôle à jouer, c'est dans une **démarche collaborative** qu'un changement véritable pourra se produire. Les individus doivent faire preuve de **responsabilité** et d'**engagement critique**, les institutions de **régulation** et de **formation**, et les entreprises de **transparence** et d'**innovation éthique**. Ensemble, ces acteurs pourront transformer les réseaux sociaux en des espaces numériques plus **éducatifs**, **constructifs** et **respectueux**, qui serviront non seulement les intérêts économiques, mais aussi le bien-être collectif et le développement d'une société plus éclairée et plus solidaire.

CONCLUSION

Revenir à l'essentiel : Une invitation à réfléchir sur ce que nous consommons et partageons

Dans un monde où l'information circule à une vitesse vertigineuse, où les distractions sont omniprésentes et où les réseaux sociaux inondent nos vies de contenus souvent superflus, la question essentielle se pose : **que consommons-nous et que partageons-nous réellement** ? Alors que nous sommes de plus en plus immergés dans une culture du vide, il devient impératif de réapprendre à revenir à l'essentiel. **Revenir à l'essentiel**, c'est prendre le temps de réfléchir à ce que nous laissons entrer dans notre esprit, ce que nous permettons d'influencer notre quotidien et ce que nous offrons à la communauté numérique à travers nos partages. C'est une invitation à se reconnecter avec ce qui est véritablement important, à retrouver du sens dans notre manière de consommer et de partager l'information.

1. L'infobésité : Consommer pour consommer

L'ère numérique dans laquelle nous vivons a radicalement changé notre manière de consommer l'information. Les plateformes de médias sociaux, les sites d'actualités en ligne, et les flux incessants de notifications ont créé une forme de **surconsommation** de contenu. Nous sommes inondés d'informations, souvent fragmentées et peu approfondies. Chaque jour, des milliards de messages, vidéos, articles et photos sont partagés sur Internet, et bien souvent, ces contenus ne nourrissent ni notre esprit ni notre réflexion. Ils sont là pour capter notre attention, pour provoquer une réaction instantanée, mais ils ne créent que peu de valeur durable.

Cette **infobésité** a des conséquences profondes. Elle nous pousse à consommer de manière compulsive, sans réelle réflexion sur la qualité ou l'utilité des contenus. Les utilisateurs des réseaux sociaux, par exemple, sont souvent pris dans une spirale de consommation où l'objectif n'est pas d'apprendre ou de réfléchir, mais simplement de **remplir un vide**, de satisfaire un besoin immédiat de distraction. Cette habitude de consommer sans discernement conduit à la perte de **profondeur** dans nos interactions numériques et nous empêche de prendre le recul nécessaire pour analyser ce que nous absorbons.

Revenir à l'essentiel, c'est donc une invitation à **ralentir** cette consommation frénétique et à choisir consciemment ce que l'on souhaite nourrir dans notre esprit. Cela implique de prendre du recul sur la manière dont nous choisissons les informations que nous consommons et de nous interroger sur leur valeur réelle.

2. Le partage de l'inutile : L'écho du vide numérique

Le partage de contenu sur les réseaux sociaux est devenu un acte quotidien, voire compulsif. Nous partageons des articles, des vidéos, des memes, des pensées, des photos, parfois sans réfléchir aux implications de ce geste. Bien souvent, ce contenu n'a ni substance, ni portée. Il reflète un désir de **réaction immédiate** plutôt qu'une volonté d'échanger des idées ou de nourrir des réflexions constructives. Nous partageons ce qui est populaire, ce qui est sensationnel, parfois sans comprendre ni analyser les conséquences de ce que nous transmettons.

Le partage est devenu une **monnaie d'échange** numérique, un moyen de se faire remarquer, de se valider socialement, ou simplement de faire partie d'un flux de contenu continu. Pourtant, derrière ce partage, il y a souvent une absence de **sens**. Nous envoyons des messages et des images qui, dans leur simplicité ou leur superficialité, ne font que renforcer la vacuité du monde numérique.

Revenir à l'essentiel, dans ce contexte, c'est questionner ce que nous partageons. Est-ce que ce contenu a une **valeur réelle** pour notre communauté ? Qu'est-ce qu'il transmet réellement ? Est-ce que nous partageons pour nourrir l'esprit ou pour créer du bruit autour de nous ? Il est temps de repenser la notion de **partage** et de comprendre qu'un contenu qui ne fait que créer des vagues sans profondeur est souvent plus nuisible que bénéfique.

3. Le besoin de signification : Aller au-delà de la surface

Nous vivons dans une époque où le sens semble souvent se perdre dans la frénésie de l'immédiateté. La recherche du **clic facile**, de la **vue rapide**, de l'engagement numérique immédiat, occupe une place centrale dans l'écosystème des réseaux sociaux et des médias. Mais derrière cette course à l'attention, il y a un vide existentiel. **Nous cherchons à combler un besoin de sens**, mais nous nous retrouvons souvent avec des contenus qui ne nous nourrissent que superficiellement.

Revenir à l'essentiel, c'est une invitation à **réfléchir sur ce que nous recherchons réellement** lorsque nous nous immergeons dans le monde numérique. Cherchons-nous à être informés, à être divertis, ou à valider une vision du monde préexistante ? Plus encore, cette recherche de sens passe par une **introspection** : que nous apporte réellement ce que nous consommons ? Cela nous aide-t-il à mieux comprendre notre environnement, à nous construire en tant qu'individus ou à engager des débats de fond ? Ou ne faisons-nous que consommer par habitude, sans réfléchir aux **conséquences de nos choix** sur notre état mental et émotionnel ?

Dans une société où l'immédiateté prime, il est important de se poser cette question : sommes-nous en train de construire des ponts vers le **sens** ou de consommer sans but précis ? La quête de sens ne doit pas se limiter à la consommation passive de contenus, mais passer par un processus actif d'**engagement intellectuel**.

4. Un retour à la profondeur : Consommer moins mais mieux

Dans le tumulte de la société numérique, il existe une forme de **réveil** que chacun de nous peut expérimenter. Ce réveil consiste à **réduire la quantité de contenu consommé**, mais à en améliorer la **qualité**. Il s'agit de privilégier des sources d'information fiables, des contenus nourrissants, des créations authentiques qui vont enrichir notre compréhension du monde et de nous-mêmes. Cela ne signifie pas rejeter toute forme de distraction ou de divertissement, mais **réduire les contenus vides** et inutiles au profit de ce qui fait sens.

Ce retour à l'essentiel passe aussi par une forme de **sélectivité**. Chaque choix de contenu, chaque partage doit être guidé par un souci de **profondeur** et de **pertinence**. Par exemple, au lieu de se perdre dans un flot ininterrompu de vidéos virales, pourquoi ne pas consacrer du temps à la lecture d'un article long mais profondément réfléchi sur un sujet qui nous intéresse ? Plutôt que de simplement liker une image, pourquoi ne pas prendre quelques minutes pour écrire un commentaire réfléchi et engager une discussion plus profonde ?

5. Repenser le partage : Créer un cercle vertueux de partage de qualité

Revenir à l'essentiel, c'est aussi **réinventer** notre manière de partager. Le partage, dans un monde saturé de contenu, doit être un acte réfléchi. Cela implique d'être plus sélectif dans ce que l'on transmet à notre communauté, d'investir du temps pour repérer des contenus **vraiment enrichissants** et d'orienter notre attention vers des initiatives créatives et réfléchies. Le partage devient alors une **valeur sociale**, une manière d'apporter des idées, des perspectives ou des actions qui nourrissent et inspirent les autres.

Cela peut signifier partager moins souvent, mais **partager mieux**. En soutenant des créateurs de contenu engagés, en mettant en avant des idées nouvelles ou en faisant la promotion de discussions constructives, nous pouvons contribuer à la création d'un espace numérique qui valorise l'intellect, la réflexion et la créativité, plutôt que l'immédiateté et la superficialité.

Conclusion : La quête d'une consommation consciente

Revenir à l'essentiel, c'est donc une invitation à repenser non seulement ce que nous consommons, mais aussi ce que nous partageons. C'est prendre conscience que derrière chaque interaction numérique se cache une opportunité de nourrir notre esprit et celui des autres. Dans un monde saturé de bruit, la qualité doit primer sur la quantité. En reprenant le contrôle de nos habitudes de consommation et de partage, nous pouvons créer un espace numérique plus riche, plus profond et plus humain. C'est en revenant à l'essentiel que nous pourrons redonner un sens véritable à notre présence dans l'univers numérique et à nos interactions au sein de celui-ci.

Vers une révolution culturelle : Et si nous

faisions de la profondeur une tendance ?

Dans un monde numérique où la superficialité semble s'imposer comme norme, où le sensationnalisme prime sur la réflexion, où l'immédiateté écrase la contemplation, la question se pose : **et si nous faisions de la profondeur une tendance ?** Si, au lieu de nous contenter de la consommation frénétique et vide de sens, nous décidions collectivement de changer les règles du jeu, de réorienter notre attention vers des contenus plus riches, plus réfléchis, plus substantiels ? Cette révolution culturelle, si elle venait à émerger, pourrait transformer radicalement notre rapport aux médias, aux réseaux sociaux et, au-delà, à la société dans son ensemble.

1. Un monde saturé de contenus futiles : un constat accablant

Le monde numérique dans lequel nous évoluons aujourd'hui est saturé de contenus souvent légers, futiles et instantanés. Le flux constant de vidéos virales, de mèmes, de publications sans substance et de commentaires sans réflexion est devenu la norme. Les réseaux sociaux, en particulier, ont amplifié cette tendance, où ce qui capte l'attention n'est pas nécessairement ce qui mérite d'être vu, mais ce qui est le plus **visuellement attractif**, le plus **provocant** ou le plus **viral**. L'intensité de la compétition pour capter l'attention a mené à une société de la **distraction constante**, où l'individu est pris dans une spirale sans fin de contenus de plus en plus courts, superficiels, et souvent dénués de profondeur.

La conséquence de ce phénomène est grave : non seulement nous consommons des contenus qui ne nous enrichissent pas, mais nous formons également des **habitudes de consommation** qui perpétuent cette vacuité. Au lieu de rechercher des échanges intellectuels significatifs, des discussions constructives, nous sommes souvent à la recherche d'un **retour immédiat**, d'un **clic rapide**, d'une **validation instantanée**.

2. Une révolution culturelle : repenser les priorités du monde numérique

Si nous voulons que la profondeur devienne une tendance, il nous faut repenser nos priorités. Il est nécessaire de comprendre que la **profondeur** et la **richesse** ne doivent pas être perçues comme des valeurs secondaires ou des relicats d'un temps révolu. Au contraire, elles doivent être réintégrées au cœur de nos interactions numériques, en tant qu'éléments essentiels du dialogue humain, de la réflexion intellectuelle et du progrès social.

Mais comment y parvenir ? La réponse ne réside pas dans un rejet total des nouvelles technologies ou des réseaux sociaux, mais plutôt dans une **réévaluation de notre manière de les utiliser**. Plutôt que de continuer à consommer des contenus sans réfléchir, pourquoi ne pas commencer à **favoriser des contenus qui stimulent la réflexion, l'esprit critique et l'analyse** ? Pourquoi ne pas faire le choix, consciemment, de suivre des créateurs qui nous poussent à penser autrement, à remettre en question les idées reçues et à cultiver une vision plus profonde de notre monde ?

3. La force du collectif : une révolution portée par les individus

Une telle révolution culturelle ne viendra pas d'en haut, elle doit être portée par **les individus eux-mêmes**. Chacun d'entre nous a un rôle à jouer. Le changement commence par nos choix personnels : les contenus que nous consommons, les discussions auxquelles nous participons, les idées que nous diffusons. En choisissant délibérément de **consommer des contenus de qualité**, en soutenant les créateurs qui produisent des œuvres authentiques et réfléchies, nous pouvons créer une dynamique qui, lentement mais sûrement, changera la culture numérique.

Il est essentiel de **reprendre le contrôle** sur notre alimentation numérique. Cela signifie apprendre à **sélectionner les informations** que nous laissons pénétrer notre esprit, à **créer un environnement numérique** qui soutient notre développement personnel et intellectuel, et à refuser de participer à des discussions superficielles qui n'apportent rien de concret. En diffusant des messages plus profonds, plus réfléchis, plus conscients, nous pouvons initier un **effet boule de neige** qui transformera progressivement les espaces numériques, les rendant plus enrichissants et plus nourrissants.

4. La place des institutions et des entreprises :

favoriser une culture de la profondeur

Si les individus ont un rôle crucial à jouer, les **institutions** et les **entreprises** qui gèrent les plateformes numériques ont également une grande responsabilité. Ces entités doivent repenser leur modèle économique pour privilégier **la qualité sur la quantité**, la **réflexion sur la distraction**. Les plateformes comme Facebook, Instagram, YouTube ou TikTok sont des acteurs clés de cette révolution, et elles peuvent choisir de favoriser la mise en avant de contenus plus substantiels.

Cela pourrait se traduire par des **algorithmes plus intelligents**, qui favorisent la profondeur et la réflexion plutôt que la viralité et la superficialité. Par exemple, au lieu de privilégier les contenus les plus likés ou partagés, les plateformes pourraient mettre en avant des contenus qui incitent à la réflexion, qui suscitent des discussions profondes et constructives, qui font avancer la société. Les **entreprises** du secteur numérique peuvent également jouer un rôle important en soutenant des initiatives qui visent à diffuser de la culture, de l'éducation et de la réflexion sur leurs plateformes. Elles peuvent inciter à la production de contenus de qualité, à l'échange d'idées nourrissantes et à la diffusion de **connaissances** plutôt que de simples distractions.

5. Repenser la consommation de contenu : une approche consciente et sélective

Pour qu'une révolution culturelle en faveur de la profondeur prenne forme, il est essentiel d'instaurer une **culture de la consommation consciente**. Cela commence par une réflexion sur nos propres habitudes de consommation : pourquoi, comment et quoi consommons-nous ? Et surtout, à quelles fins ? Si nous cessons de consommer de manière compulsive et frénétique, nous serons plus à même de faire des choix éclairés et réfléchis.

Revenir à l'essentiel implique aussi de **privilégier les moments d'introspection**, de déconnexion, et d'apprentissage. Cela peut se traduire par la réduction du temps passé sur des plateformes superficielles et la recherche active de contenus plus enrichissants. Le consommateur du futur pourrait choisir de se tourner vers des **sources d'information authentiques et réfléchies**, des **créateurs de contenu qui partagent des idées nouvelles et stimulantes**, des **livres, des podcasts, des conférences** qui nourrissent l'esprit plutôt que de le vider.

6. L'impact d'une révolution culturelle : redonner du sens à la société numérique

Si cette révolution culturelle en faveur de la profondeur devient une réalité, elle pourrait avoir un impact profond sur notre société. En réorientant notre consommation et nos échanges numériques vers des contenus plus riches et plus significatifs, nous pourrions **réenchanter notre rapport à la culture**, à l'information et à l'échange. Nous pourrions nourrir des discussions plus enrichissantes, plus nuancées et plus humanistes. En retour, cela renforcerait **la cohésion sociale**, améliorerait **la qualité des débats publics** et réduirait l'espace laissé à la désinformation, aux discours haineux et à la polarisation.

Les bénéfices seraient multiples : une société plus cultivée, plus éclairée, plus apaisée, où la quête de sens primerait sur la quête de validation instantanée. Au lieu de vivre dans une société du **bruit**, de la superficialité et de la distraction constante, nous pourrions assister à l'émergence d'une société de la **profondeur**, de l'authenticité et de l'engagement.

Conclusion : une tendance à construire ensemble

Faire de la profondeur une tendance n'est pas une tâche facile, mais c'est une mission qui en vaut la peine. Il nous faut d'abord questionner notre propre rapport à l'information, aux réseaux sociaux et aux médias. Ensuite, il nous faut agir ensemble, individuellement et collectivement, pour redonner à nos vies numériques un **but plus élevé**, une **valeur ajoutée**. Revenir à l'essentiel, c'est redonner du sens à ce que nous consommons et partageons. Ce faisant, nous pouvons transformer notre monde numérique en un lieu où l'intellect, la réflexion et la profondeur prennent le pas sur la superficialité. Ensemble, nous pouvons créer une **révolution culturelle** qui valorise la qualité, la réflexion et le sens.

9 798304 098700